A Recuperação Económica dos Devedores

RERE, PER, PEAP, PLANO DE INSOLVÊNCIA, PLANO DE PAGAMENTOS E EXONERAÇÃO DO PASSIVO RESTANTE

2020 • 2ª Edição

Luís Manuel Teles de Menezes Leitão
Doutor e Agregado em Direito
Professor da Faculdade de Direito de Lisboa
Bastonário da Ordem dos Advogados

ALMEDINA

A RECUPERAÇÃO ECONÓMICA DOS DEVEDORES
AUTOR
Luís Manuel Teles de Menezes Leitão
EDITOR
EDIÇÕES ALMEDINA, S.A.
Rua Fernandes Tomás, nºs 76-80
3000-167 Coimbra
Tel.: 239 851 904 · Fax: 239 851 901
www.almedina.net · editora@almedina.net
DESIGN DE CAPA
FBA.
PRÉ-IMPRESSÃO
João Jegundo
IMPRESSÃO E ACABAMENTO
DPS - Digital Printing Services
Março, 2020
DEPÓSITO LEGAL
468530/20

ALMEDINA | GRUPOALMEDINA

BIBLIOTECA NACIONAL DE PORTUGAL – CATALOGAÇÃO NA PUBLICAÇÃO

LEITÃO, Luís Menezes, 1963-

A recuperação económica dos devedores : RERE, PER, PEAP, plano de insolvência, plano de pagamentos e exoneração do passivo restante. – 2ª ed. – (Monografias)
ISBN 978-972-40-8418-3

CDU 347

A Recuperação Económica dos Devedores

1
Generalidades

O Código de Insolvência e Recuperação de Empresas (CIRE) na sua versão original constante do Decreto-Lei 53/2004, de 18 de Março, assentava no sistema da falência-liquidação, tanto assim que o seu art. 1º apresentava como finalidade do processo de execução universal que é a insolvência "*a liquidação do património de um devedor insolvente e a repartição do produto obtido pelos credores*". No entanto, essa mesma disposição admitia já como alternativa a satisfação dos credores "*pela forma prevista num plano de insolvência, que nomeadamente se baseie na recuperação da empresa compreendida na massa insolvente*". Admitia-se assim logo uma via alternativa para a satisfação dos credores, a aprovação do plano de insolvência, regulado nos arts. 192º e ss. do CIRE, com medidas de recuperação, a qual, no entanto, se apresentava muito subalternizada em face da via comum que era a liquidação do património do devedor insolvente.

A par do plano de insolvência, o CIRE admitia ainda outras formas de proceder à recuperação económica dos devedores, limitadas a casos particulares de devedores. Assim os não empresários e os titulares de pequenas empresas tinham como alternativa o plano de pagamentos, regulado nos arts. 251º e ss. CIRE. Também os devedores que fossem pessoas singulares poderiam requerer a concessão da exoneração do passivo restante, nos termos dos arts. 235º e ss. CIRE. Esses processos de recuperação eram, no entanto, excepções perante a filosofia geral do Código, assente no sistema da falência-liquidação.

Todos os meios de recuperação na versão inicial do Código surgiam, no entanto, apenas após a declaração de insolvência, sendo esta assim um pressuposto necessário a qualquer recuperação do devedor. Esta solução poderia fazer sentido, no quadro de um sistema como o americano, em que a falência é vista essencialmente como um processo de protecção contra credores, admitindo-se sempre a posterior recuperação do devedor, a quem se concede um *fresh start*. Nos sistemas continentais, em que a falência é vista como um fracasso praticamente definitivo da empresa, as possibilidades de recuperação após a insolvência são assim consideravelmente atenuadas.

A multiplicação das insolvências causadas pela crise financeira levou, por isso, a que o Código fosse reformulado pela Lei 16/2012, de 20 de Abril, que procurou atenuar os traços do sistema de falência-liquidação. Por esse motivo, o seu art. 1º presentemente define o processo de insolvência como "*um processo de execução universal que tem como finalidade a satisfação dos credores pela forma prevista num plano de insolvência, baseado, nomeadamente, na recuperação da empresa compreendida na massa insolvente, ou, quando tal não se afigure possível, na liquidação do património do devedor insolvente e a repartição do produto obtido pelos credores*". Actualmente, o plano de insolvência passou assim a ser apresentado como a via principal para a satisfação dos credores da insolvência surgindo a liquidação do património como uma via subsidiária, a aplicar apenas quando não é possível a aprovação de um plano de insolvência[1]. No entanto, a lei continua a deixar na mão dos credores a escolha entre a recuperação ou a liquidação, podendo estes livremente, em termos de racionalidade económica, pela que julgarem ser a melhor solução de defesa dos seus interesses. Há também agora o cuidado de autonomizar o plano de recuperação no quadro dos planos de insolvência, exigindo que, quando o plano se destine a prover à recuperação do devedor, essa menção conste em todos os documentos e publicações respeitantes ao mesmo (art. 192º, nº 3). Estas alterações são, no entanto, mais formais do que de substância, uma vez que não evitam as consequências dramáticas para o devedor da declaração de insolvência.

[1] Conforme salienta ADELAIDE MENEZES LEITÃO, "Insolvência de pessoas singulares: a exoneração do passivo restante e o plano de pagamentos. As alterações da Lei nº 16/2012, de 20 de Abril", em ARMANDO MARQUES GUEDES / MARIA HELENA BRITO / ANA PRATA / RUI PINTO DUARTE / MARIANA FRANÇA GOUVEIA, *Estudos em homenagem ao Prof. Doutor José Lebre de Freitas*, II, Coimbra, Coimbra Editora, 2013, pp. 509-537 (513): "Neste termos, enquanto que no sistema anterior à Lei nº 16/2012 a liquidação da empresa era a regra e a recuperação a exceção, no sistema vigente a recuperação é a regra e a liquidação a exceção".

A grande modificação resultante da Lei 16/2012 foi antes a introdução no CIRE de um novo processo especial de recuperação na fase de pré-insolvência, denominado de Processo Especial de Revitalização (PER), a que o devedor pode recorrer sempre que se encontre em situação de insolvência iminente ou em situação económica difícil, em ordem a tentar obter novos financiamentos junto dos seus credores (novos arts. 17º-A e ss. CIRE). Esse novo processo não veio só por si destruir a filosofia geral do Código, que continuou a assentar, como se referiu, no sistema de falência-liquidação, mas não há dúvida de que a atenuou consideravelmente. Efectivamente, na medida em que passou a centrar a fase da recuperação do devedor na fase da pré-insolvência, passou a assumir preponderância no sistema da recuperação do Código, atento o interesse dos devedores em evitar a declaração de insolvência.

O Decreto-Lei 178/2012, de 3 de Agosto, reformulou ainda o procedimento de conciliação extrajudicial que funcionava junto do IPAMEI, criando o SIREVE – Sistema de Recuperação de Empresas por Via Extrajudicial[2]. Posteriormente, o Decreto-Lei 26/2015, de 6 de Fevereiro pretendeu aumentar a eficácia prática do SIREVE, limitando as situações em que se admitiu o recurso a esse organismo, e aproximando o regime dos planos de recuperação do previsto no processo especial de revitalização. Este diploma abandonou ainda a exigência, prevista na versão inicial do Decreto-Lei 178/2012, de que os credores que subscrevessem o acordo representassem no mínimo 50% do total das dívidas da empresa. Em contrapartida o D.L. 26/2015 excluiu a aplicação do SIREVE às empresas em insolvência actual, tendo-o reservado à recuperação de empresas em estado de insolvência iminente ou em situação económica difícil mas com condições de acesso extremamente exigentes. Efectivamente, a partir do Decreto-Lei 26/2015, o recurso ao SIREVE passou a depender de uma avaliação global positiva de três indicadores relativos aos três últimos exercícios completos à data de apresentação do requerimento, avaliação essa que poucas empresas conseguiam obter[3].

[2] Sobre o SIREVE, cfr. João Labareda, "Sobre o sistema de recuperação de empresas por via extrajudicial (SIREVE) – Apontamentos -", em Catarina Serra (org.), *I Congresso de Direito da Insolvência*, Coimbra, Almedina, 2013, pp. 63-84.

[3] Escreveu Reinaldo Mâncio da Costa, "Os requisitos do plano de recuperação", em Catarina Serra (org.), *III Congresso de Direito da Insolvência*, Coimbra, Almedina, 2015, pp. 229-278 (248) que no SIREVE se verificava a "colocação de fortes barreiras ao acesso das

Continuou, no entanto, a faltar em Portugal um enquadramento adequado à recuperação dos devedores, tendo-se por isso tornado necessário criar novas formas de evitar que as empresas caíssem em insolvência por ausência de financiamento próprio e alheio. Por esse motivo, o Governo aprovou através da Resolução do Conselho de Ministros nº 42/2016, de 18 de Agosto, o Programa Capitalizar, destinado a reduzir os passivos das empresas consideradas economicamente viáveis e assegurar o acesso ao financiamento das micro, pequenas e médias empresas. Este programa incluía uma série de medidas na área da reestruturação empresarial designadamente o aumento das exigências necessárias para o recurso ao PER, que passaria a ser limitado apenas a pessoas colectivas, clarificando quais as providências que poderiam ser objecto do mesmo. Previa ainda a criação de um regime jurídico de reestruturação de passivos empresariais, a partir da avaliação de potenciais melhorias no âmbito do PER e do SIREVE.

Em consequência e através do Decreto-Lei 79/2017, de 30 de Junho, foi efectuada uma profunda reforma dos mecanismos de recuperação e reestruturação de empresas. Foi limitada em primeiro lugar a aplicação do PER às empresas, em resultado da nova redacção do art. 1º, nº 2, e arts. 17º-A a 17º-J do CIRE. Foi em consequência criado para os devedores não empresários um processo muito semelhante denominado de Processo Especial para Acordo de Pagamento (PEAP), previsto nos arts. 1º, nº 3, e 222º-A a 222º-J do CIRE.

Posteriormente a Lei 8/2018, de 2 de Março, viria a revogar o SIREVE, aprovando o Regime Extrajudicial de Recuperação de Empresas (RERE). Este regime visou permitir ao devedor que se encontre em situação de económica difícil ou em situação de insolvência meramente iminente encetar negociações com os seus credores, as quais são reguladas através da celebração de um protocolo de negociação. As negociações visam a obtenção por forma voluntária de um acordo de reestruturação com os seus credores, acordo esse de conteúdo livre e normalmente confidencial. O RERE foi complementado através da aprovação de novos mecanismos extrajudiciais de recuperação de empresas, como seja o regime do mediador de recuperação de empresas (Lei 6/2018, de 22 de Fevereiro), o regime jurí-

[empresas] mais degradadas económica e financeiramente", o que levava a que ele se aplicasse apenas "às melhores (das empresas em insolvência iminente ou em situação económica difícil)".

dico da conversão dos créditos em capital (Lei 7/2018, de 2 de Março) e o regime jurídico da apropriação do bem empenhado no penhor mercantil (Decreto-Lei 75/2017, de 26 de Junho).

Adiante examinaremos sucessivamente os regimes actualmente instituídos para a recuperação económica dos devedores.

2
O Regime Extrajudicial de Recuperação de Empresas (RERE)

2.1. Generalidades

O art. 16º, nº 1, do CIRE determina que a sua aplicação não prejudica a possibilidade de recurso ao Regime Extrajudicial de Recuperação de Empresas, regime esse que consta da Lei 8/2018, de 2 de Março[4]. Este diploma visou estimular a recuperação extrajudicial de empresas em dificuldades através da celebração de um acordo de reestruturação entre a empresa e um ou mais dos seus credores (art. 2º, nº 1, Lei 8/2018). O art. 2º, nº 2, da Lei 8/2018 define o acordo de recuperação como "*o acordo com vista à alteração da composição, das condições ou da estrutura do ativo ou do passivo de um devedor, ou de qualquer outra parte da estrutura de capital do devedor, incluindo o capital social, ou uma combinação destes elementos, incluindo a venda de ativos ou de partes de atividade, com o objetivo de permitir que a empresa sobreviva na totalidade ou em parte*". Está assim em causa uma alteração da estrutura patrimonial ou financeira da empresa, realizada com o objectivo de permitir a sua sobrevivência, total ou parcial.

2.2. Âmbito subjectivo de aplicação do RERE

Resulta do art. 3º da Lei 8/2018 que o RERE pode envolver as seguintes entidades: *a)* o devedor; *b)* os seus credores; *c)* os titulares de garantias sobre os bens do devedor; *d)* os sócios do devedor; *e)* as entidades de representação colectiva.

[4] Sobre o RERE, cfr. CATARINA SERRA, *Regime Extrajudicial de Recuperação de empresas – Análise e crítica*, Coimbra, Almedina, 2018.

Em relação ao devedor, actualmente, e de acordo com o art. 3º, nº 1, da Lei 8/2018, podem recorrer ao RERE as entidades devedoras abrangidas nas alíneas *a)* a *h)* do nº 1, do art. 2º CIRE, abrangendo assim praticamente todas as entidades que podem ser objecto de processo de insolvência. Exceptuam-se apenas as pessoas singulares que não sejam titulares de empresa, na acepção do art. 5º CIRE[5]. Da mesma forma, ficam foram do âmbito do RERE as entidade referidas no art. 2º, nº 2, CIRE, as quais não podem igualmente ser objecto do processo de insolvência (art. 3º, nº 2, da Lei 8/2018).

Para se poderem submeter ao RERE, os devedores têm que se encontrar em situação económica difícil ou em situação de insolvência iminente (art. 3º, nº 1, *b)* da Lei 8/2018), sendo estes conceitos aferidos nos termos dos arts. 3º e 17º-B do CIRE (art. 3º, nº 2, da Lei 8/2018. Os conceitos de situação económica difícil e de insolvência meramente iminente são, no entanto, bastante próximos entre si. O art. 17º-B define a situação económica difícil como a situação da "empresa que enfrentar dificuldade séria para cumprir pontualmente as suas obrigações, designadamente por ter falta de liquidez ou por não conseguir obter crédito". Por sua vez resulta do art. 3º, nº 4 que a insolvência meramente iminente corresponde à iminência de o devedor se encontrar em impossibilidade de cumprimento de obrigações vencidas (cfr. art. 3º, nº 1, CIRE), ou no caso das pessoas colectivas, quando o seu passivo esteja na iminência de se tornar manifestamente superior ao activo, de acordo com as regras contabilísticas aplicáveis (cfr. art. 3º, nº 2, CIRE). É difícil, por isso, efectuar uma delimitação precisa entre os dois conceitos, parecendo que as duas situações podem facilmente ser agregadas num conceito de pré-insolvência, em que a empresa manifestamente se encontra em vias de atingir a situação de insolvência efectiva, se não forem atempadamente tomadas providências de recuperação[6].

A exigência de que o devedor se encontre em situação económica difícil ou em situação de insolvência iminente institui um paralelismo entre os pressupostos do recurso ao RERE e os do recurso ao processo de revi-

[5] Foi assim consideravelmente dilatado o universo dos sujeitos que podem utilizar o RERE, em comparação com o que sucedia com o SIREVE, ao qual apenas podiam recorrer as sociedades comerciais e os empresários individuais que possuíssem contabilidade organizada (art. 2º, nº 5, D.L. 178/2012, na redacção do D.L. 26/2015).

[6] No mesmo sentido, CATARINA SERRA, *Regime extrajudicial*, pp. 40 e ss.

talização (art. 17º-A, CIRE)[7], parecendo assim que a lei deixa ao devedor nestas circunstâncias a possibilidade de optar entre uma via judicial e uma via extrajudicial para a sua recuperação. No entanto, ao contrário do que sucede no processo de revitalização, e sucedia com o SIREVE após a sua reforma efectuada pelo Decreto-Lei 26/2015, a lei deixou de impedir a utilização do RERE por empresas em situação de insolvência actual, nem sequer exigindo, entre os pressupostos do recurso ao RERE, que a empresa ainda seja susceptível de recuperação. Tal é comprovado pelo facto de o art. 1º da Lei 6/2018, de 22 de Fevereiro, admitir que o mediador de recuperação de empresas preste assistência a empresas em situação de insolvência actual. O art. 11º, nº 2, da Lei 8/2008, até prevê a possibilidade de participação no RERE por parte de credor que tenha requerido a insolvência do devedor, com a possibilidade de suspensão desse processo, que apenas é excluída no caso de a insolvência já ter sido declarada. Apenas aquando da celebração do acordo de reestruturação, o art. 19º, nº 2, da Lei 8/2018 exige uma declaração de revisor oficial de contas a atestar que a sociedade não se encontra em situação de insolvência[8], declaração que é, aliás, dispensada a título transitório por 18 meses, nos termos do art. 35º, nº 1, do RERE.

Apesar disso, entendemos, no entanto, que o RERE não pode ser utilizado para excluir o dever de apresentação à insolvência do devedor, previsto no art. 18º CIRE, caso a mesma efectivamente exista antes das negociações. Efectivamente, embora o art. 13º da Lei 8/2018 refira que o depósito do protocolo de negociação implica que o início desse prazo apenas ocorra com o fim das negociações, tal é reservado para situações de insolvência superveniente, não fazendo sentido o reinício desse prazo de o devedor já se encontrar em situação de insolvência actual.

[7] Neste âmbito a situação é semelhante ao que se previa para o SIREVE, que também podia ser usado logo que a empresa se encontrasse em situação económica difícil ou numa situação de insolvência iminente (art. 2º, nº 1, D.L. 178/2012, na redacção do D.L. 26/2015). Pelo contrário, o anterior procedimento de conciliação apenas poderia ser usado por empresas em condições de requerer judicialmente a sua insolvência (art. 1º, nº 1, D.L. 316/98, 16 de Outubro, revisto pelo D.L. 201/2004, de 18 de Agosto), Cfr. João Labareda, *I Congresso de Direito da Insolvência*, p. 70.

[8] Conforme salienta Catarina Serra, *Regime extrajudicial*, pp. 75-76, "não será fácil, entre outras coisas, obter do Revisor Oficial de Contas (ROC) uma declaração incondicional de que a empresa não se encontra em situação de insolvência actual, sem o que a empresa não "entra" no RERE, ou melhor, não "entra" numa dos regimes [cfr. art. 19º, nº 2, al. *a)* do RERE] e não podem produzir-se as vantagens especiais do RERE".

Em relação aos credores, visando o RERE a obtenção de um acordo de reestruturação entre o devedor e os seus credores, naturalmente que estes terão que participar nas negociações. O art. 3º, nº 4, Lei 8/2018, considera como credores do devedor este efeito que *"os titulares de créditos de natureza patrimonial sobre este, vencidos, vincendos e sob condição, tal como definidos no nº 1 do artigo 50º do CIRE, qualquer que seja a sua nacionalidade ou domicílio"*. Assim sendo, nos termos do art. 47º, nº 4, do CIRE, poderão participar nas negociações e no acordo de reestruturação credores garantidos, privilegiados, comuns ou subordinados. A participação dos credores nas negociações e no acordo não depende de os créditos estarem ou não vencidos, sendo igualmente admitidos os credores cujos créditos estejam sujeitos a condição suspensiva e resolutiva, com o conceito abrangente referido no art. 50º, nº 1, CIRE.

Em relação aos titulares de garantias sobre bens do devedor, o nº 5 do art. 3º admite que estes possam ser chamados a intervir nas negociações e no acordo de reestruturação, mesmo não sendo credores do devedor. No caso das garantias pessoais, como a fiança, o devedor também o é igualmente em relação ao credor garantido, uma vez que fica pessoalmente obrigado perante este (art. 627º CC), ainda que o seu crédito possa ser qualificado como sob condição (art. 50º, nº 2, *b)* CIRE). Já no caso de concessão de garantias reais a dívidas do insolvente como o penhor ou hipoteca sobre bens de terceiro (arts. 667º, nº 2, e 717º CC), o titular da garantia não é considerado credor de quem a prestou, havendo apenas uma situação de sujeição desses bens ao seu poder de execução (art. 818º CC). Não obstante, e na medida em que o seu consentimento seja necessário para alteração dos termos e condições da garantia, os mesmos podem intervir nas negociações e no acordo de reestruturação.

Da mesma forma, *em relação aos sócios do devedor*, os mesmos podem ser admitidos a intervir nas negociações e no acordo de reestruturação, na medida em que, em virtude da lei ou dos estatutos do devedor seja necessária a sua intervenção (art. 3º, nº 6, da Lei 8/2018).

Em relação às entidades de representação colectiva, o art. 3º, nº 7, da Lei 8/2018 admite que para efeitos do acordo de representação grupos de credores possam ser representados colectivamente por entidade que esteja mandatada por estes. No caso dos trabalhadores essa situação verificar-se-á em relação às suas organizações representativas, que podem actuar como agente de financiamento. No caso dos beneficiários das garantias sobre bens do devedor, estes podem agrupar-se por forma a serem representados colectivamente por entidade que esteja mandatada por estes para actuar como agente de garantias.

Nos termos do art. 14º, nº 3, da Lei 8/2018, sempre que forem credoras do devedor ou que com este mantenham acordo prestacional, a segurança social e a AT, os trabalhadores e as organizações representativas dos trabalhadores, participam obrigatoriamente nas negociações a realizar ao abrigo do RERE, mesmo que não subscrevam o protocolo de negociação. Esta participação obrigatória não afecta, no entanto, o regime da indisponibilidade dos créditos tributários, nos termos do art. 30º da LGT.

2.3. Decisão sobre a aplicação do RERE

Nos termos do art. 4º da Lei 8/2018, a aplicação do RERE é de natureza voluntária podendo as partes optar ou não pela sujeição ao mesmo, quer das negociações, quer dos efeitos do acordo de reestruturação que venham a alcançar. Por esse motivo a participação nas negociações e no acordo de reestruturação é livre, podendo o devedor convocar para esse efeito todos ou alguns dos seus credores, segundo o que considerar mais conveniente para a obtenção desse acordo.

Para poderem sujeitar as negociações ao RERE, com a produção dos efeitos nele previstos, é, porém, necessário que o devedor e credores não subordinados que representem pelo menos 15% do passivo da empresa assinem um protocolo de negociação e promovam o seu depósito na conservatória do registo comercial (art. 6º, nº 1, Lei 8/2018). O requisito relativo ao número de credores é verificado pelo conservador com base em declaração de um contabilista certificado ou revisor oficial de contas com a antiguidade máxima de 30 dias (art. 6º, nº 4, Lei 8/2018).

A decisão sobre o depósito do protocolo de negociação pode ocorrer a qualquer momento durante as negociações, segundo o Processo Especial de Depósito de RERE (art. 6º, nº 2, Lei 8/2018). No entanto a partir do momento em que é requerido o depósito, o prazo para as negociações, incluindo a prorrogação em que as partes acordem, não pode exceder três meses (art. 6º, nº 5, Lei 8/2018).

Realizado o depósito, podem eventuais interessados, nomeadamente os credores, aderir ao protocolo de negociação através do mesmo processo durante o período em que decorrerem as negociações, bastando para isso a subscrição de uma declaração de adesão (art. 6º, nº 3, e 7º, nº 5, Lei 8/2018).

A adesão ao protocolo de negociação tem, no entanto, que ser integral considerando a lei como "*não escritas as adesões parciais ou sujeitas a condição, bem como as adesões que incidam apenas sobre parte dos créditos que o credor detém sobre o devedor*" (art. 7º, nº 6 Lei 8/2018). Esta fórmula suscita a dúvida sobre se o legislador pretendeu considerar como não escritas as limitações ou condições estipuladas em relação à adesão ou se entendeu considerar ineficaz a própria adesão. Parece-nos ser esta última a solução legal.

Uma vez depositado o protocolo de negociação, a sua alteração apenas pode ocorrer mediante a celebração de um protocolo de alteração, o qual, no entanto, requer o consentimento expresso de todas as partes que o subscreveram inicialmente, assim como o das que ulteriormente a ele tenham aderido (art. 7º, nº 7, Lei 8/2018). Esse protocolo de alteração é igualmente sujeito a depósito, nos termos do mesmo Processo Especial de Depósito de RERE (art. 6º, nº 2, Lei 8/2018).

Não tendo sido efectuado o depósito do protocolo de negociação, o acordo de reestruturação pode, ainda assim, ser submetido ao RERE, desde que o mesmo, uma vez assinado por todas as partes nele intervenientes, seja objecto de depósito electrónico na conservatória do registo comercial, a requerimento do devedor ou de qualquer credor nos termos do processo especial de depósito do RERE (art. 22º, nº 1, da Lei 8/2008).

2.4. Tramitação das negociações

2.4.1. Princípios gerais

Nos termos do art. 5º, nº 1, da Lei 8/2008, as negociações entre o devedor os seus credores devem pautar-se pelo princípio da boa fé e pelos princípios orientadores da Recuperação Extrajudicial de Devedores publicados em anexo à Resolução do Conselho de Ministros nº 43/2011, de 25 de Outubro[9]. O nº 2 obriga ainda a que, no decurso das negociações, o devedor forneça às demais partes envolvidas informação actual, verdadeira e completa, que permita aferir com rigor a sua situação económico-financeira e que os credores partilhem entre si, de forma transparente, a informação que possuam sobre o devedor, sem prejuízo das limitações legais decorrentes de deveres de sigilo a que estejam vinculados. O incumprimento

[9] Há assim uma redundância na formulação da lei, uma vez que o princípio da boa fé constitui o segundo dos Princípios Orientadores publicado em anexo a essa Resolução do Conselho de Ministros.

destas deveres no âmbito das negociações poderá ser constitutivo de responsabilidade pré-contratual, nos termos gerais (art. 227º CC).

2.4.2. Nomeação de mediador de recuperação de empresas

A lei prevê a possibilidade de o devedor solicitar, no decurso das negociações, a nomeação de um mediador de recuperação de empresas, nos termos do respectivo regime jurídico (art. 14º, nº 1, da Lei 8/2018). O estatuto do mediador de empresas consta da Lei 6/2018, de 22 de Fevereiro. Nos termos do art. 1º dessa lei, o mediador de recuperação de empresas é a pessoa incumbida de prestar assistência a uma empresa devedora que, de acordo com CIRE, se encontre em situação económica difícil ou em situação de insolvência, nomeadamente em negociações com os seus credores com vista a alcançar um acordo extrajudicial de reestruturação para a sua recuperação. A intervenção do mediador não é assim necessariamente ligada ao RERE[10].

O mediador de recuperação de empresas constitui uma profissão regulada, com requisitos específicos de acesso à actividade (arts. 3º e ss., Lei 6/2018), só podendo exercer essa funções quem se encontre inscrito nas listas oficiais de mediadores previstas no art. 6º da Lei 6/2018, e estando os mediadores sujeitos à fiscalização, acompanhamento e disciplina da actividade por parte do IAPMEI, a quem compete inclusivamente a respectiva nomeação e destituição (art. 12º da Lei 6/2018).

Pretendendo obter a intervenção de um mediador de recuperação de empresas, o devedor apresenta requerimento nesse sentido ao IAPMEI, segundo formulário constante do respectivo sítio eletrónico, acompanhado da informação empresarial simplificada dos últimos três anos (art. 14º, nº 2, da Lei 6/2018), devendo o IAPMEI proceder a essa nomeação no prazo de cinco dias a contar da recepção do pedido (art. 14º, nº 3, da Lei 6/2018). A intervenção do mediador é facultativa (art. 16º, nº 1, da Lei 6/2018), podendo o devedor até ao início das negociações fazer cessar a mesma, mediante comunicação ao mediador, com cópia para o IAPMEI, preferencialmente por meios electrónicos (art. 16º, nº 2, da Lei 6/2018). No entanto, após a assinatura do protocolo de negociação, a cessação da intervenção

[10] Conforme salienta Catarina Serra, *Regime extrajudicial*, p. 106, "não só é admissível que o mediador actue fora do RERE como é admissível que nem actue de todo no RERE, sendo o mediador nomeado apenas quando a empresa requer a sua nomeação ao IAPMEI".

do mediador depende do consentimento de credores que sejam parte no protocolo de negociação e que representem a maioria dos créditos aí representados (art. 16º, nº 3, da Lei 6/2018).

O exercício das funções de mediador é sujeito a incompatibilidades especiais. Assim além de lhe ser aplicável o regime relativo às incompatibilidades dos membros dos órgãos sociais (art. 4º, nº 1, da Lei 6/2018), o mediador não pode ser nomeado para mediar negociações em que esteja envolvida empresa relativamente à qual haja desempenhado funções nos respetivos órgãos sociais nos três anos anteriores à nomeação ou tenha sido nomeado e exercido efetivamente as funções de administrador de insolvência ou de administrador judicial provisório (art. 4º, nº 2, da Lei 6/2018) ou em que esteja envolvida empresa de que seja titular, ou o seu cônjuge, parentes ou afins até ao 2º grau da linha reta ou colateral, ou de que seja titular pessoa coletiva em que estes detenham, direta ou indiretamente, participações sociais qualificadas (art. 4º, nº 3, da Lei 6/2018). Para além disso, no decurso dessas funções e nos três anos seguintes à sua cessação dessas funções, é vedada ao mediador a intermediação em negócios realizados entre o devedor e credores ou entre os credores do devedor, ou entre entidades em relação de domínio ou de grupo ou de simples participação com o devedor ou com algum dos seus credores, assim como a prestação de assessoria ao devedor, a qualquer dos credores do devedor e a entidades em relação de domínio ou de grupo ou de simples participação com o devedor ou com algum dos seus credores (art. 21º da Lei 6/2018). Finalmente, o mediador não pode, sem que hajam decorrido três anos após a cessação do exercício das funções de mediação, por si ou por interposta pessoa: *a)* ser membro de órgãos sociais ou dirigente de empresas que hajam estado envolvidas em processos de recuperação ou reestruturação em que tenha exercido as suas funções; *b)* desempenhar nessas empresas alguma outra função, quer ao abrigo de um contrato de trabalho, quer a título de prestação de serviços; *c)* ser nomeado administrador judicial provisório em processo especial de revitalização ou administrador de insolvência em processo de insolvência, nos quais seja devedora a empresa que o mediador tenha assistido (art. 4º, nº 4 da Lei 6/2018). Pode, no entanto, ser nomeado um mesmo mediador para o exercício das respetivas funções em sociedades que se encontrem em relação de domínio ou de grupo, exceoto quando o IAPMEI considere que tal nomeação não é adequada à salvaguarda dos interesses das sociedades ou quando daí resulte ou se configure situação de incompatibilidade, impedimento ou suspeição (art. 4º, nº 5, da Lei 6/2018).

Uma vez nomeado, compete ao mediador analisar a situação económica e financeira do devedor, aferir conjuntamente com este as suas perspectivas de recuperação, e auxiliá-lo na elaboração de uma proposta de acordo de reestruturação e nas negociações a estabelecer com os seus credores relativas à mesma (art. 18º da Lei 6/2018).

O mediador de recuperação de empresas está sujeito a deveres específicos de sigilo, independência e isenção, tratamento equitativo e imparcial e informação.

Assim, em primeiro lugar o mediador deve manter sob sigilo todas as informações que lhe sejam facultadas pelo devedor, delas não podendo fazer uso em proveito próprio ou de outrem (art. 19º, nº 1, Lei 6/2018).

Para além disso, o mediador deve actuar com independência e isenção, estando-lhe vedada a prática de quaisquer atos que, para seu benefício ou de terceiros, possam pôr em crise a recuperação da empresa e a satisfação dos interesses dos respectivos credores (art. 13º, nº 1, da Lei 6/2018).

O mediador tem ainda um devedor de tratamento equitativo dos credores durante todo o processo de negociação, devendo gerir o mesmo por forma a garantir o seu equilíbrio e transparência (art. 20º, nº 1, Lei 6/2018). O mediador deve ainda tratar o devedor e os credores de forma imparcial durante a negociação (art. 20º, nº 2, Lei 6/2018).

Finalmente o mediador tem deveres específicos de informação. Assim, e sem prejuízo do seu dever de sigilo, após a assinatura do protocolo de negociação tem o dever de assegurar que todos os credores que participam na negociação têm acesso equitativo a todas as informações relevantes para o bom andamento do processo de negociação, nomeadamente as que permitam realizar o diagnóstico da situação económico-financeira do devedor e aferir as suas perspetivas de recuperação (art. 19º, nº 2, Lei 6/2018). Para além disso, tem o dever de comunicar ao IAPMEI, preferencialmente por meios eletrónicos, o encerramento do processo para o qual tenha sido nomeado, indicando o respetivo motivo (art. 17º Lei 6/2018).

Em contrapartida da sua actuação o mediador tem direito, quer a uma remuneração, quer ao reembolso das despesas necessárias ao cumprimento das suas funções (art. 22º, nº 1, Lei 6/2018), devendo a remuneração compreender uma componente base e uma componente a pagar em caso de conclusão de um acordo de reestruturação (art. 22º, nº 2, Lei 6/2018). Essa remuneração é considerada encargo da empresa, a menos que o acordo de reestrturação disponha de forma diferente (art. 22º, nº 5, Lei 6/2018).

2.4.3. Designação do credor líder e do comité de credores

Nos termos do art. 14º, nº 2, da Lei 8/2018, podem os credores a qualquer altura, no decurso das negociações designar um credor líder, que será o interlocutor preferencial dos credores no contacto com o devedor, ou mais do que um credor líder, na medida em que os credores considerem que a tutela dos seus interesses justifica essa pluralidade.

Da mesma forma, podem os credores acordar na nomeação de um comité de credores, para acompanhar a atividade do devedor no decurso das negociações e assessorar o credor líder na interligação com o devedor, devendo as funções específicas deste comité de credores ser acordadas entre as partes.

2.4.4. Celebração e depósito do protocolo de negociação

A condução das negociações pode ser regulada através da celebração de um protocolo de negociação, que constitui uma figura semelhante ao *agreement to negotiate*, muito conhecido nos países da *common law*. Este protocolo de negociação não constitui um contrato-promessa, uma vez que as partes não assumem uma obrigação de contratar, mas apenas de negociar. Tem, no entanto, uma série de efeitos importantes sobre os credores, que adiante se examinarão.

Nos termos do art. 7º, nº 1, da Lei 8/2008, o protocolo de negociações é livremente estabelecido entre as partes, mas tem que conter obrigatoriamente os seguintes elementos:

a) identificação completa do devedor, dos credores participantes, dos representantes do devedor e dos representantes dos credores para efeitos do RERE;

b) prazo máximo acordado para as negociações, com o limite máximo de três meses a partir do requerimento do depósito;

c) passivo total do devedor, apurado através de declaração de contabilista certificado ou de revisor oficial de contas, emitida há não menos de 30 dias.

d) responsabilidade pelos custos inerentes ao processo negocial, incluindo o custo com a assessoria técnica, financeira e legal, e modo de repartição dos mesmos;

e) acordo relativo à não instauração pelas partes, contra o devedor no decurso do prazo acordado para as negociações, de processos judiciais de natureza executiva, de processos judiciais que visem privar o devedor da livre disposição dos seus bens ou direitos, bem como de processo relativo à declaração da insolvência do devedor;

f) data e assinaturas reconhecidas.

Apesar de o protocolo poder incluir naturalmente quaisquer outros elementos, em virtude da liberdade do seu conteúdo, o art. 7º, nº 2, da Lei 8/2008 faz referência específica à possibilidade de nele ser incluída igualmente uma lista dos fornecedores dos serviços essenciais e a identificação dos respetivos contratos de prestação de serviços, bem como a autorização para o devedor divulgar o protocolo de negociação junto dos restantes credores em ordem a obter a adesão destes. Para além disso, o nº 3 do art. 7º da mesma lei acrescenta ainda a possibilidade de nele serem incluídos uma opção pela publicidade da existência de negociações e a identificação de credor líder e dos credores que integram o comité de credores e das competências que lhe são atribuídas. Podem igualmente ser identificados o mediador de empresas que possa ter sido nomeado, assim como o assessor jurídico ou financeiro escolhidos para assistir às partes. Finalmente podem ainda ser indicados os termos e condições aplicáveis ao novo financiamento a conceder no decurso das negociações e respectivas garantias.

Nos termos do art. 7º, nº 4 da Lei 8/2008, o protocolo de negociação é acompanhado, pelo menos, dos seguintes documentos: *a)* certidão do registo comercial do devedor ou código de acesso à respetiva certidão eletrónica e estatutos, se aplicável; *b)* documentos de prestação de contas do devedor relativos aos três últimos exercícios; *c)* declaração do devedor a indicar o detalhe do seu passivo, apurado de acordo com a referida declaração de contabilista certificado e revisor oficial de contas, incluindo designadamente o nome de todos os credores, proveniência, montante e natureza dos créditos, e garantias associadas; *d)* lista de todos os processos judiciais e arbitrais nos quais o devedor seja parte; *e)* Justificação para a não apresentação de algum destes documentos, se não forem apresentados com o protocolo de negociação.

2.5. Efeitos do depósito do protocolo de negociação

2.5.1. Efeitos sobre o devedor

O depósito do protocolo de negociação implica a produção de uma série de efeitos sobre o devedor. Assim, em primeiro lugar, e conforme acima se referiu, logo após o depósito do protocolo de negociação, o devedor está obrigado a comunicar esse facto e o conteúdo do protocolo à segurança social, à AT e aos trabalhadores, sempre que estes sejam seus credores, sob pena de nulidade do mesmo e de todos os actos a ele inerentes (arts. 9º, nº 3, e 8º, nº 6 e 7, Lei 8/2018). O devedor será naturalmente responsabilizado caso falhe esse comunicação, não apenas perante os destinatários da mesma, mas também perante os outros credores, em virtude da nulidade do protocolo de negociação.

O devedor deve ainda comunicar o depósito do protocolo aos fornecedores de serviços essenciais, em ordem a impedir a suspensão do fornecimento desses serviços (art. 12º, nº 6, Lei 8/2018).

Para além disso, após o depósito do protocolo de negociação, o devedor fica obrigado a manter o curso normal do seu negócio e a não praticar actos de especial relevo, tal como definidos nos nºs 2 e 3 do artigo 161º do CIRE, excepto se previstos no referido protocolo ou se previamente autorizados por todos os credores, directamente ou através do comité de credores (art. 9º, nº 1, Lei 8/2018).

A definição de actos de especial releva não se encontra legislativamente estabelecida, determinando o art. 161º, nº 2, CIRE a necessidade de uma valoração do acto em concreto, atendendo-se aos riscos envolvidos e às suas repercussões sobre a tramitação ulterior do processo, às perspectivas de satisfação dos credores e à susceptibilidade de recuperação do devedor.

Em qualquer caso, o art. 161º, nº 3, CIRE, efectua uma enumeração exemplificativa de actos de especial relevo, considerando como tais:

a) A venda da empresa, de partes da empresa, estabelecimentos ou da totalidade das existências;

b) A alienação de bens necessários à continuação da exploração da empresa, anteriormente ao respectivo encerramento;

c) A alienação de participações noutras sociedades destinadas a garantir o estabelecimento com estas de uma relação duradoura;

d) A aquisição de imóveis;

e) A celebração de novos contratos de execução duradoura;

f) A assunção de obrigações de terceiros e a constituição de garantias;

g) A alienação de qualquer bem da empresa por preço igual ou superior a € 10000 e que represente, pelo menos, 10% do valor do seu activo, tal como existente à data do depósito do protocolo, salvo se se tratar de bens do activo circulante ou for fácil a sua substituição por outro da mesma natureza.

O devedor deixa assim de praticar qualquer destes actos, a menos que eles estejam previstos no protocolo, ou se conseguir obter o acordo de todos os credores para o efeito, seja directamente, seja através do comité de credores.

Caso o devedor pratique actos de especial relevo sem autorização do administrador judicial provisório, a consequência deverá ser a ineficácia do acto em relação ao seu património, por força dos arts. 17º-C, nº 4, 34º e 81º, nº 6[11]. Ao contrário do que alguma doutrina defende[12], não nos parece que esse vício possa ser sanado com a ratificação posterior por parte do administrador judicial provisório.

Caso o devedor venha a entrar em situação de insolvência superveniente, aferida nos termos dos nºs 1 e 3 do art. 3º CIRE, após o depósito do protocolo de negociação, a lei determina que a contagem do prazo de apresentação do devedor à insolvência só se inicie após o encerramento das negociações, não sendo nesse caso admissível prorrogação do prazo das negociações (art. 13º da Lei 8/2008). Esta norma é, no entanto, restrita às situações de insolvência superveniente, não podendo ser usada para elidir o dever de apresentação à insolvência que já existisse, nos termos do art. 18º, nº 1, CIRE, antes de o devedor entrar em negociação com os seus credores.

Por último, quando o devedor considerar que não existem condições para prosseguir com as negociações e decidir fazer cessar as mesmas, fica obrigado a comunicar essa sua decisão a todos os credores que subscreveram o protocolo de negociação e aos que a ele aderiram ulteriormente, bem como a requerer o depósito de tal comunicação na conservatória do registo comercial (art. 9º, nº 2, Lei 8/2008).

[11] Neste sentido, LUÍS CARVALHO FERNANDES / JOÃO LABAREDA, *Código da Insolvência e da Recuperação de Empresas Anotado*, 3ª ed., Lisboa, Quid Juris, 2015, sub art. 17º-E, nº 9, pp. 162-163 e ROSÁRIO EPIFÂNIO, *O Processo Especial de Revitalização*, Coimbra, Almedina, 2015, p. 37.

[12] Cfr. ROSÁRIO EPIFÂNIO, *Processo*, p. 38.

2.5.2. Efeitos sobre os credores

Nos termos do art. 10º, nº 1, da Lei 8/2008, o depósito do protocolo de negociação vincula os credores que o subscreveram à observação dos compromissos nele assumidos, não podendo estes desvincular-se do mesmo enquanto não decorrer o prazo máximo previsto para as negociações, ainda que possam cessar a participação activa nas mesmas.

A principal obrigação resultante da subscrição do protocolo de negociação encontra-se prevista no art. 7º, nº 1, *e)* correspondente à não instauração pelos credores contra o devedor, no decurso do prazo acordado para as negociações, de processos judiciais de natureza executiva, de processos judiciais que visem privar o devedor da livre disposição dos seus bens ou direitos, bem como de processo relativo à declaração da insolvência do devedor. Apenas a instauração dessas acções é assim proibida, continuando os credores livres de instaurar quaisquer outras acções, designadamente acções declarativas que não visem privar o devedor da livre disposição dos seus bens. No entanto, e uma vez que este é apenas um requisito mínimo do protocolo de negociação, nada impede que os credores se comprometam a não instaurar quaisquer acções declarativas contra o devedor.

Os credores conservam, porém, o direito à resolução do protocolo de negociação, mas apenas em caso de violação grosseira pelo devedor das obrigações dele decorrentes. Não é assim qualquer incumprimento do devedor que pode desencadear a resolução do protocolo de negociação, exigindo-se uma violação especialmente grave. Caso algum credor decida resolver o protocolo de negociação sem fundamento legal, considerar-se-á que incorreu em incumprimento do mesmo.

A vinculação do credor ao protocolo de negociação ou a qualquer documento que o altere transmite-se para o adquirente do crédito no caso de este ser cedido ou por alguma forma transmitido no decurso do prazo estabelecido para a negociação (art. 10º, nº 2, Lei 8/2008). A lei prevê a obrigação de o credor cedente informar o cessionário da existência e conteúdo do protocolo de negociação, mas essa obrigação já resulta naturalmente da garantia que o cessionário é obrigado a prestar quanto à exigibilidade do crédito ao tempo da cessão (art. 587º, nº 1, CC).

A vinculação dos credores cessa, no entanto, em caso de comunicação pelo devedor do fim das negociações, nos termos acima referidos (art. 9º, nº 2, da Lei 8/2008).

Refere, no entanto, o art. 10º, nº 4, da Lei 8/2008, que se exceptua da aplicação do disposto nos números anteriores o acordo previsto no art. 7º, nº 1, *e)* da mesma lei, ou seja o acordo relativo à não instauração pelas partes, contra o devedor no decurso do prazo acordado para as negociações, de processos judiciais de natureza executiva, de processos judiciais que visem privar o devedor da livre disposição dos seus bens ou direitos, bem como de processo relativo à declaração da insolvência do devedor. Parece assim que a obrigação de não instauração destas acções ou de processos de insolvência não se pode extinguir antecipadamente, mantendo-se durante todo o prazo estipulado para as negociações, independentemente da resolução ou revogação do protocolo de negociação.

2.5.3. Efeitos sobre outros processos

Conforme acima se salientou, em virtude do depósito do protocolo de negociação, os credores que o subscreveram ficam impedidos de instaurar contra o devedor, no decurso do prazo acordado para as negociações, processos judiciais de natureza executiva, de processos judiciais que visem privar o devedor da livre disposição dos seus bens ou direitos, bem como processos de insolvência (art. 7º, nº 1, *e)* e 10º, nº 1, Lei 8/2018). A lei não prevê expressamente que esses processos se suspendam durante a fase das negociações, mas parece claro que essa suspensão se encontra implícita no art. 11º, nº 2, da Lei 8/2018, quando se refere à "*manutenção*" da respectiva suspensão, quando tal seja previsto no acordo de reestruturação.

Já relativamente aos processos de insolvência prevê-se expressamente no art. 11º, nº 1, da Lei 8/2018, que "*a participação no protocolo de negociação ou a adesão a este por credor que tenha requerido a insolvência do devedor determina a imediata suspensão do processo de insolvência, caso esta não tenha ainda sido declarada*". Naturalmente que, se a insolvência já tiver sido declarada, não faz qualquer sentido a continuação das negociações, uma vez que o RERE se destina a situações de pré-insolvência.

As partes são ainda livres de estipular outros efeitos processuais do protocolo de negociação (art. 11º, nº 1, *in principio*, da Lei 8/2018). Não lhes é, porém, possível suspender as acções instauradas por credores que não não tenham subscrito o protocolo (art. 11º, nº 3, da Lei 8/2018).

Compete ao conservador do registo comercial informar do respetivo depósito os tribunais onde se encontrem pendentes os processos judiciais identificados no protocolo de negociação, por meios eletrónicos, para efeitos de suspensão desses processos (art. 11º, nº 4, da Lei 8/2008).

2.5.4. Efeitos sobre os fornecedores de serviços essenciais

Determina o art. 12º, nº 1, da Lei 8/2018 que, com o depósito do protocolo de negociação, não pode ser suspensa a prestação dos seguintes serviços essenciais por dívidas relativas a serviços prestados em data anterior ao depósito:

a) Serviço de fornecimento de água;
b) Serviço de fornecimento de energia eléctrica;
c) Serviço de fornecimento de gás natural e gases de petróleo liquefeitos canalizados;
d) Serviço de comunicações electrónicas;
e) Serviços postais;
f) Serviço de recolha e tratamento de águas residuais;
g) Serviços de gestão de resíduos sólidos urbanos.

Os fornecedores desses serviços essenciais perdem assim, durante a fase das negociações, a faculdade de recorrer à excepção de não cumprimento do contrato (arts. 428º e ss. CC) e até à resolução por incumprimento (art. 801º, nº 2, CC) em ordem a evitar que uma suspensão da actividade do devedor, em resultado da ausência de fonecimento dos serviços públicos essenciais, pudesse prejudicar a negociação com os credores.

A proibição vigora por um prazo máximo de três meses, excepto se os prestadores desses serviços foram parte do protocolo de negociação e acordarem prazo mais longo (art. 12º, nº 3, Lei 8/2018). A proibição cessa, no entanto, caso o devedor não efectue o pagamento pontual dos serviços que não sejam prestados após o depósito do protocolo de negociação (art. 12º, nº 4, Lei 8/2018).

O art. 12º, nº 2, da Lei 8/2018, esclarece, no entanto, que não são afectados os créditos do fornecedores dos referidos serviços que sejam anteriores ao protocolo de negociação. Assim, e na medida em que os fornecedores não participem no protocolo das negociações, nada os impede de recorrer à cobrança judicial destes créditos. Salienta-se, aliás que, o art. 10º da Lei 23/96, de 26 de Julho, alterada e republicada pela Lei 12/2008, de 26 de Fevereiro, estabelece um prazo de prescrição de seis meses para estas obrigações, a partir da prestação do serviço, assim como um prazo de caducidade do direito ao recebimento da diferença de preço, em caso de pagamento inferior por erro do prestador de serviços, a contar do pagamento inicial, e que no âmbito do RERE não se prevê a suspensão desses prazos.

Como contrapartida pela retirada desses direitos, estabelece, entanto, o art. 12º, nº 5 da Lei 8/2018, que o preço dos serviços públicos prestados nesse período que não seja pago pelo devedor será considerado dívida da massa insolvente, no caso de a sua insolvência vier a ser decretada nos dois anos posteriores ao depósito do protocolo das negociações. Para além disso, nos demais casos, essas dívidas passam a beneficiar de um privilégio creditório mobiliário geral, graduado antes do privilégio creditório mobiliário geral dos trabalhadores.

2.6. Regime das negociações

O art. 8º, nº 1, Lei 8/2018 estabelece que as negociações e o conteúdo do protocolo de negociação são confidenciais, a menos que as partes acordem por unanimidade em dar-lhes publicidade, no todo ou em parte, devendo nesse caso essa menção constar do próprio protocolo (art. 7º, nº 4 *a)* Lei 8/2018)[13]. Essa confidencialidade não é prejudicada pelo depósito do protocolo de negociação (art. 8º, nº 3, Lei 8/2018), uma vez que a conservatória não pode divulgar o seu conteúdo. A conservatória apenas poderá publicar anúncio relativo ao início das negociações, identificando o devedor e as partes envolvidas na negociações desde que o protocolo o autorize expressamente (art. 8º, nº 4, Lei 8/2018).

A confidencialidade das negociações e do próprio protocolo é, no entanto, objecto de algumas restrições. Em primeiro lugar, e nos termos do art. 8º, nº 2, Lei 8/2018, essa confidencialidade cessa na medida necessária à produção dos efeitos do protocolo, como a suspensão dos processos judiciais (art. 11º, Lei 8/2018) e a execução judicial da obrigação em caso de incumprimento do acordo de reestruturação (art. 30º Lei 8/2018). Depois, e nos termos do art. 8º, nº 5, Lei 8/2018, essa confidencialidade não prejudica o direito de qualquer das partes no acordo de reestruturação a obter cópia dos documentos arquivados na conservatória, nem o direito da Autoridade Tributária e Aduaneira (AT) de aceder aos mesmos, para

[13] A publicidade das negociações, prevista no art. 8º, nº 1, Lei 8/2008, não se confunde com a autorização ao devedor para que divulgue o protocolo junto dos seus credores, a que se refere o art. 7º, nº 2, *b)*, a qual constitui uma forma bastante mais restrita de publicidade.

efeitos de verificação dos pressupostos necessários à atribuição dos benefícios fiscais previstos no artigo 27º da Lei 8/2018. Finalmente, a lei impõe que a segurança social, a AT e os trabalhadores sejam obrigatoriamente, informados do depósito do protocolo de negociação e do seu conteúdo, quando forem titulares de créditos sobre o devedor, sendo que o incumprimento dessa obrigação importa a nulidade do protocolo de negociação, bem como de todos os actos a ele inerentes (art. 8º, nºs 6 e 7, Lei 8/2018).

Determina o art. 15º da Lei 8/2018 que, no decurso das negociações, o devedor, em articulação com o credor líder, os assessores financeiros e legais, se existirem, e o mediador de recuperação de empresas, se houver sido nomeado, elabore e apresente de forma transparente aos credores participantes nas negociações um diagnóstico económico-financeiro que lhes permita conhecer os pressupostos nos quais pode basear-se o acordo de reestruturação. Para esse efeito, pode o devedor recorrer à ferramenta de autodiagnóstico financeiro disponibilizada no sítio na Internet do IAPMEI.

O prazo de conclusão das negociações é, no máximo, de três meses, a contar da data em que for requerido o depósito do protocolo de negociação na conservatória do registo comercial. Apesar de a lei admitir a prorrogação desse prazo, nunca poderá ser ultrapassado o prazo de três meses (art. 6º, nº 5, Lei 8/2018), pelo que a prorrogação só será admissível se as partes tiverem estipulado um prazo inferior para as negociações e sempre até ao prazo máximo estabelecido na lei (cfr. art. 16º, nº 1, *c)* da Lei 8/2018). A prorrogação depende de o devedor se continuar a encontrar em situação económica difícil ou em situação de insolvência meramente iminente (art. 16º, nº 3, da Lei 8/2018) e deixa de ser possível se o devedor entretanto cair em situação de insolvência actual (art. 16º, nº 4, Lei 8/2018).

2.7. Encerramento das negociações

Nos termos do art. 16º, nº 1, da Lei 8/2018, as negociações podem encerrar-se em virtude das seguintes quatro causas:

a) Depósito do acordo de reestruturação;
b) Depósito da declaração de desistência do devedor;
c) Decurso do prazo previsto no protocolo de negociação, sem que haja prorrogação do mesmo, nos casos em que esta é admissível, ou ultrapassagem do prazo máximo legal de três meses;
d) Apresentação do devedor à insolvência ou declaração da mesma em processo instaurado por algum credor.

A primeira causa de encerramento das negociações é naturalmente o depósito do acordo de reestruturação. Nessa altura naturalmente as negociações chegaram a bom termo, ficando as partes vinculadas ao acordo, pelo que não há necessidade da sua continuação.

A segunda causa de encerramento das negociações é o depósito da declaração de desistência do devedor. Conforme acima se salientou, nos termos do art. 9º, nº 2, da Lei 8/2018, o devedor pode a todo o tempo decidir fazer cessar as negociações, caso considere não existirem condições para prosseguir com as mesmas. Para esse efeito, só tem que comunicar essa decisão a todos os credores subscritores ou aderentes ao protocolo de negociação, bem como a requerer o depósito dessa comunicação na conservatória do registo comercial. Efectuado esse depósito, as negociações consideram-se encerradas.

A terceira causa de encerramento das negociações é decurso do prazo previsto no protocolo de negociação, sem que haja prorrogação do mesmo, nos casos em que esta é admissível (cfr. arts. 16º, nºs 3 e 4 Lei 8/2018), ou ultrapassagem do prazo máximo legal de três meses (art. 6º, nº 5, Lei 8/2018). Efectivamente, decorrido qualquer destes prazos sem que tenha sido obtido acordo, as negociações consideram-se automaticamente encerradas.

A última causa de encerramento das negociações é a apresentação do devedor à insolvência ou a declaração da mesma em processo de insolvência instaurado por algum credor. Efectivamente, uma vez que o RERE é essencialmente destinado a estabelecer um acordo de reestruturação numa fase de pré-insolvência, a declaração da mesma, seja por apresentação do devedor, seja a pedido de algum credor determina o encerramento automático e imediato das negociações (art. 16º, nº 5, Lei 8/2018).

Com o encerramento das negociações cessam todos os efeitos do protocolo de negociação, nomeadamente as obrigações do devedor, dos credores, a suspensão de processsos judiciais, e a proibição de os prestadores de serviços essenciais interromperem esses serviços (art. 16º, nº 2, Lei 8/2018).

O encerramento das negociações, com a menção da respectiva causa, está sujeito a registo na conservatória do registo comercial, nos termos do processo especial de registo do RERE (art. 17º, nº 1, Lei 8/2018). Caso as partes tenham atribuído caráter público às negociações, a conservatória do registo comercial publica anúncio relativo ao termo das negociações e respetiva causa, com a indicação sobre se foi ou não alcançado acordo de reestruturação entre as partes (art. 17º, nº 2, Lei 8/2018). A conservatória é ainda obrigada a comunicar o encerramento das negociações aos processos judiciais por via eletrónica, em ordem a permitir o levantamento da sua suspensão e aos fornecedores de serviços essenciais, o que lhes possibilita passar a interromper esses serviços (art. 17º, nº 3, Lei 8/2018).

Enquanto não se encerrarem as negociações, o devedor não pode iniciar outras, já que não lhe é permitido sujeitar ao RERE mais do que um processo de negociações em simultâneo (art. 18º, nº 1, Lei 8/2018). Já após a conclusão das negociações, tenha ou não sido alcançado acordo de reestruturação, o devedor é livre de sujeitar novas negociações, iniciadas com os mesmos ou com diferentes credores ao RERE, desde que não viole os termos específicos de acordo anteriormente alcançado ao abrigo deste mesmo regime (art. 18º, nº 2, Lei 8/2018).

2.8. Celebração e depósito de acordo de reestruturação.

O acordo de reestruturação é celebrado apenas entre o devedor e os credores que o decidem subscrever, apenas vinculando aqueles que o aceitaram. Não se exige presentemente uma maioria específica de credores para considerar aprovado o acordo de reestruturação[14]. No entanto, se o acordo de reestruturação for subscrito por credores que representem as maiorias previstas no nº 1 do artigo 17º-I do CIRE, ou a ele vierem posteriormente a aderir os credores suficientes para perfazer aquela maioria, pode o devedor iniciar um PER com vista à homologação judicial do acordo de reestruturação, devendo nesse caso acautelar que este cumpre o previsto no nº 4 do artigo 17º-I do CIRE (art. 29º da Lei 8/2018).

O acordo de reestruturação deve indicar as alterações dele decorrentes para a posição jurídica dos credores (art. 19º, nº 6, Lei 8/2018), sendo que,

[14] Já no âmbito do SIREVE, o plano de recuperação só se considerava aprovado desde que, sendo votado por credores cujos créditos representassem, pelo menos, um terço do total das dívidas apuradas da empresa, recolhesse o voto favorável de mais de dois terços da totalidade dos votos emitidos e mais de metade dos votos emitidos correspondesse a créditos não subordinados, não se considerando as abstenções (art. 12º, nº 2 *a)*, D.L. 178/2012, na redacção do D.L. 26/2015). O plano de recuperação podia igualmente considerar-se aprovado se recolhesse o voto favorável de credores que representassem mais de metade da totalidade das dívidas apuradas da empresa, e mais de metade desses votos correspondesse a créditos não subordinados, não se considerando as abstenções (art. 12º, nº 2 *b)*, D.L. 178/2012, na redacção do D.L. 26/2015). Com a eliminação desta exigência, o RERE tornou bastante mais fácil a obtenção do acordo de reestruturação, mas também diminui consideravelmente a relevância do mesmo.

no silêncio do acordo, a redução da obrigação do devedor determina a redução da obrigação dos condevedores ou dos terceiros garantes em termos equivalentes aos que resultem para o devedor (art. 19º, nº 7, Lei 8/2018). A lei considera nulos quaisquer negócios jurídicos celebrados após o início das negociações e na pendência da execução do acordo de reestruturação entre o devedor e qualquer credor participante neste, que tenha como objeto responsabilidades, garantias ou direitos, que tenham sido incluídos no acordo de reestruturação e que disponha em termos diversos do que aí ficou estabelecido (art. 19º, nº 4, Lei 8/2018).

O acordo de reestruturação tem que ser celebrado por escrito e o respetivo conteúdo constar de um único documento, a ser integralmente aceite, ainda que através de termo de adesão, por todos os credores que nele decidam participar, sendo que quer o acordo de reestruturação, quer o termo de adesão devem conter o reconhecimento da assinatura dos subscritores (art. 20º da Lei 8/2018). Para além disso, o acordo de reestruturação deve ser acompanhado de declaração emitida por um revisor oficial de contas a atestar que, na data da celebração do acordo, a sociedade não se encontra em situação de insolvência e a certificar o passivo total do devedor, bem como de uma lista de todas as ações judiciais em curso contra o devedor movidas por entidades que sejam parte no acordo (art. 19º, nº 2, Lei 8/2018). Em caso de afectação das garantias existentes deve ser anexado ao acordo o consentimento dos respectivos beneficiários (art. 24º, nº 1, Lei 8/2018). Também os documentos que formalizam a constituição de novas garantias ou a modificação das garantias prestadas pelo devedor devem ser anexados ao acordo (art. 24º, nº 2, da Lei 8/2018).

A lei determina a confidencialidade do acordo de reestruturação, salvo se as partes acordarem expressamente no mesmo em conferir-lhe publicidade, no todo ou em parte. Essa confidencialidade é, no entanto, expressamente limitada pelos direitos legais dos sócios à informação, pela obrigação de comunicação aos tribunais para extinção de processos judiciais, e à AT para obtenção dos efeitos fiscais dele resultantes (art. 21º Lei 8/2018).

O acordo de reestruturação, uma vez assinado por todas as partes nele intervenientes, fica sujeito a depósito eletrónico na Conservatória do Registo Comercial, a requerimento do devedor ou de qualquer credor, segundo o processo especial de depósito do RERE (art. 22º, nº 1, Lei 8/2018) sendo que esse depósito não prejudica a confidencialidade do acordo (art. 22º, nº 4, Lei 8/2018). É do interesse das partes proceder a esse depósito, uma vez que, não só o mesmo é em princípio condição geral de eficácia do acordo (art. 23º, nº 1, da Lei 8/2018), como também a lei faz depender os efeitos de extinção dos processos judiciais (art. 25º da Lei 8/2018) e a atribuição de benefícios fiscais (art. 27º da Lei 8/2018), bem como a insusceptibilidade da resolução em benefício da massa insolvente (art. 28º da Lei 8/2018) da verificação do mesmo (art. 22º, nº 2, da Lei 8/2018). Para esse efeito a lei prevê que o acordo de reestruturação depositado seja automaticamente comunicado à AT, por via eletrónica, nos termos do processo especial de registo do RERE (art. 22º, nº 3, da Lei 8/2018).

2.9. Efeitos do acordo de reestruturação

Os efeitos do acordo de reestruturação encontram-se regulados nos arts. 23º e ss. da Lei 8/2018. Salienta-se, em primeiro lugar, que o acordo apenas produz efeitos entre as partes que o subscreveram, e que a produção dos seus efeitos fica dependente do seu depósito na conservatória do registo comercial, a menos que o acordo disponha em sentido contrário (art. 23º, nº 1, da Lei 8/2018). O depósito na conservatória funciona assim em princípio como condição de eficácia do acordo, mesmo em relação às próprias partes, ficando os seus efeitos dependentes da realização do depósito. Uma vez verificado esse depósito, os seus efeitos verificam-se apenas em relação ao futuro, uma vez que as partes estão impedidas de lhe atribuir eficácia retroactiva (art. 23º, nº 2, da Lei 8/2008).

O conteúdo do acordo de reestruturação é fixado livremente pelas partes, podendo compreender, designadamente, os termos da reestruturação da atividade económica do devedor, do seu passivo, da sua estrutura legal, dos novos financiamentos a conceder ao devedor e das novas garantias a prestar por este (art. 19º, nº 1, da Lei 8/2018). Uma das medidas a adoptar no acordo de reestruturação pode ser a conversão dos créditos sobre a empresa em capital, havendo neste caso que obedecer ao disposto no procedimento previsto na Lei 7/2018, de 2 de Março. Outra medida pode passar por alterar a administração do devedor pessoa colectiva ou ente fiscalmente equiparado, nomeando outras pessoas para o efeito, designadamente administradores judiciais. Nesse caso, as pessoas que venham a ser nomeadas são subsidiariamente responsáveis em relação àquelas e solidariamente entre si pelas dívidas tributárias cujo facto constitutivo se tenha verificado no período de exercício do seu cargo ou cujo prazo legal de pagamento ou entrega tenha terminado no período do exercício do seu cargo ou depois deste, desde que tenha sido por culpa sua que o património do devedor se tornou insuficiente para a sua satisfação (art. 33º da Lei 8/2018).

O acordo de reestruturação pode incidir sobre a totalidade ou sobre parte dos créditos que sejam detidos pelos credores nele participantes (art. 19º, nº 3, da Lei 8/2018), mas apenas afecta os seus direitos e garantias nos termos nele especificamente previstos, e desde que os credores sejam parte do mesmo (art. 19º, nº 4, da Lei 8/2018). No entanto, os termos do acordo de reestruturação não podem prejudicar o cumprimento das obrigações do devedor enquanto empregador perante os trabalhadores (art. 19º, nº 8, da Lei 8/2018), o que parece exclui a possibilidade de o acordo de reestruturação determinar a redução dos encargos laborais da empresa.

Relativamente às garantias, o acordo de reestruturação pode afectar garantias preexistentes, mas apenas com o consentimento dos respetivos beneficiários, que deve constar como anexo ao próprio acordo, sem o que naturalmente não produzirá efeitos. (art. 24º, nº 1, da Lei 8/2018). O acordo de reestruturação pode igualmente prever a constituição de novas garantias, bem como as modificações às garantias prestadas pelo devedor, pessoalmente ou através de bens de sua propriedade. Neste caso a eficácia das garantias ocorre com a respectiva formalização segundo as regras que lhe sejam especificamente aplicáveis, não estando assim dependentes do depósito do acordo de reestruturação. Os documentos comprovativos das mesmas são posteriormente anexados ao acordo de reestruturação aquando do seu depósito (art. 24º, nº 2, a Lei 8/2018).

No caso de o acordo de reestruturação contemplar medidas de modificação societária, dispõe o art. 26º da Lei 8/2018, que as mesma ocorrem com a respetiva formalização, nos termos das regras legais e estatutárias que lhes sejam aplicáveis. A celebração e depósito do acordo de reestruturação não permite assim dispensar a formalização das referidas medidas, ainda que se deva considerar que dele resulta uma obrigação de o devedor proceder às mesmas.

A menos que o acordo de reestruturação disponha de forma diversa, o seu depósito implica a imediata extinção dos processos judiciais declarativos, executivos ou de natureza cautelar, respeitantes a créditos nele incluídos, assim como dos processos de insolvência, desde que a mesma não tenha ainda sido declarada, que tenham sido instaurados contra o devedor por entidade que seja parte no acordo de reestruturação, neste último caso independentemente de o crédito que funda o pedido ter sido incluído no acordo de reestruturação (art. 25º, nº 1, da Lei 8/2018). Consequentemente, a extinção prevista neste artigo é restrita aos créditos incluídos no acordo e aos processos de insolvência instaurados por participantes no acordo, não sendo extinto qualquer outro processo. A lei esclarece inclusivamente que nos casos em que os referidos processos hajam sido instaurados por mais do que uma entidade, os efeitos processuais previstos no presente artigo verificam-se apenas relativamente às entidades que sejam parte no acordo de reestruturação (art. 25º, nº 2, da Lei 8/2018), prosseguindo consequentemente os processos em relação aos não participantes. Não são, porém, extintos os processos judiciais de natureza laboral, sejam eles declarativos, executivos ou cautelares (art. 25º, nº 3, da Lei 8/2018), ainda que os trabalhadores sejam participantes no acordo.

Para efeitos de concretização da extinção, o conservador do registo comercial comunica por meios eletrónicos, o depósito do acordo de reestruturação, no prazo de três dias úteis após o mesmos, aos processos judiciais identificados na lista anexa ao acordo de reestruturação (art. 25º, nº 4, da Lei 8/2018).

Nos termos do art. 27º, nº 1, da Lei 8/2018, o acordo de reestruturação confere às partes os benefícios emolumentares e fiscais previstos nos arts. 268º, 269º, e 270º do CIRE, desde que determine uma reestruturação de créditos não inferior a 30% do passivo não subordinado do devedor. Nesse caso, presume-se que o acordo de reestruturação reveste reconhecido interesse económico para efeitos de o Ministro das Finanças poder dispensar por portaria a não aplicação da limitação à dedução de benefícios fiscais, em caso de alteração da titularidade ou dos direitos de voto em mais de 50%, nos termos do art. 52º, nºs 8 e 12 CIRC (art. 27º, nº 5, Lei 8/2018). Para efeitos de atribuição dos benefícios, o acordo de reestruturação é acompanhado de declaração de revisor oficial de contas, a certificar o cumprimento dessa percentagem de reestruturação do passivo, e ainda que, em virtude do acordo de reestruturação, a situação financeira da empresa fica mais equilibrada, por aumento da proporção do ativo sobre o passivo, e que os capitais próprios do devedor são superiores ao capital social (art. 27º, nº 3, da Lei 8/2018). A AT pode, porém, conceder os mesmos benefícios, no caso de uma reestruturação de passivo inferior, havendo requerimento fundamentado nesse sentido apresentado por alguma das partes subscritoras do acordo (art. 27º, nº 2, da Lei 8/2018). Da mesma forma, esses benefícios só podem ser atribuídos em relação a créditos subordinados após autorização específica da AT, a pedido do credor ou do devedor (art. 27º, nº 4, da Lei 8/2018).

Um importante efeito do acordo de reestruturação resulta do art. 28º da Lei 8/2018, onde se estabelece que os negócios jurídicos que hajam sido expressamente previstos no acordo de reestruturação, ou no protocolo de negociação que o preceder, e que compreendam a efectiva disponibilização ao devedor de novos créditos pecuniários, incluindo sob a forma de deferimento de pagamento, e a constituição, por este, de garantias respeitantes a esses créditos pecuniários são insusceptíveis de resolução em benefício da massa insolvente, caso a insolvência do devedor venha a ser declarada, desde que o acordo de reestruturação contenha a declaração prevista no nº 3 do art. 27º da Lei 8/2018. Cessa, no entanto, a insusceptibilidade de resolução em benefício da massa insolvente, se o novo financiamento tiver sido utilizado pelo devedor em benefício da respetiva entidade financiadora ou de entidade que com esta esteja especialmente relacionada, nos termos referidos no artigo 49º do CIRE.

2.10. Incumprimento do acordo

Apesar de o acordo de reestruturação ser um acordo plurilateral, abrangendo o devedor e todos ou alguns dos seus credores, o mesmo é tratado para efeitos de incumprimento como estabelecendo uma relação separada entre o devedor e cada um dos seus credores. Em consequência, a lei estabelece que o incumprimento de alguma das obrigações previstas no acordo de reestruturação não determina a invalidade das demais obrigações dele decorrentes perante o mesmo ou diferentes credores, nem afecta a validade dos actos, designadamente societários, praticados em sua execução (art. 30º, nº 1, Lei 8/2018). Da mesma forma, prevê o art. 30º, nº 2, *c)* da Lei 8/2018 que, a menos que se estabeleça em sentido diferente, o incumprimento perante um credor não determina o automático incumprimento das demais obrigações constantes do acordo de reestruturação.

Assim, cada credor deve reagir individualmente perante o incumprimento do acordo de reestruturação por parte do devedor e apenas em relação às obrigações que o devedor tem para com ele, constituindo o acordo constitui título executivo em relação às obrigações pecuniárias nele assumidas pelo devedor (art. 30º, nº 4, da Lei 8/2018). Em caso de incumprimento de uma prestação, o credor pode declarar imediatamente vencidas todas as demais prestações de que seja credor constantes do acordo de reestruturação (arr. 30º, nº 2, *b)* da Lei 8/2018). Em caso de incumprimento por uma das partes, a parte afectada pode resolver o contrato (art. 30º, nº 2 *a)* da Lei 8/2018) mas a resolução não tem efeitos retroactivos ou afecta a obrigação alterada no acordo de reestruturação (art. 30º, nº 3, Lei 8/2018). Não há assim qualquer possibilidade de recuperação dos créditos alterados ou de renovação dos processos extintos em consequência do acordo.

2.11. Articulação com outros processos

A pendência de processo judicial de insolvência não obsta à utilização do RERE, mas o referido processo apenas é suspenso se o credor que requereu a insolvência aderir ao protocolo de negociação (art. 11º, nº 1, Lei 8/2018). Se, no decurso das negociações, o devedor vier a apresentar-se à insolvência ou esta for declarada em processo instaurado por algum credor, verifica-se o imediato encerramento das negociações (art. 16º, nº 5, da Lei 8/2018), deixando, por isso, as partes de poder celebrar o acordo de reestruturação.

Pelo contrário, deve considerar-se que a pendência do processo especial de revitalização obsta à utilização do RERE, uma vez que do mesmo resulta um processo de negociações e a lei não admite que o devedor sujeite ao RERE mais do que um processo de negociação em simultâneo (art. 18º, nº 1, Lei 8/2018). O recurso ao RERE pode preceder o recurso ao processo especial de revitalização, permitindo a homologação neste do acordo extrajudicial nele alcançado, desde que o acordo de reestruturação seja subscrito por credores que representem as maiorias previstas no nº 1 do artigo 17º-I do CIRE, ou a ele venham posteriormente a aderir os credores suficientes para perfazer aquela maioria. Neste caso, pode o devedor iniciar um PER com vista à homologação judicial do acordo de reestruturação, devendo nesse caso acautelar que este cumpre o previsto no nº 4 do artigo 17º-I do CIRE, ou seja, que o acordo de reestruturação respeita a maioria prevista no nº 3 do art. 17º-F CIRE e que não se verifica nenhuma das situações previstas nos arts. 215º e 216º do mesmo Código.

A lei prevê, porém, a possibilidade de o acordo de reestruturação obtido no âmbito do RERE poder ser usado para efeitos do processo especial de revitalização. Efecetivamente, dispõe o art. 29º da Lei 8/2018 que, se o acordo de reestruturação for subscrito por credores que representem as maiorias previstas no nº 1 do artigo 17º-I do CIRE, ou a ele vierem posteriormente a aderir os credores suficientes para perfazer aquela maioria, pode o devedor iniciar um PER com vista à homologação judicial do acordo de reestruturação, devendo nesse caso acautelar que este cumpre o previsto no nº 4 do artigo 17º-I do CIRE.

3
O processo especial de revitalização

3.1. Generalidades

A Lei 16/2012, de 20 de Abril, veio introduzir um novo processo especial denominado de revitalização (arts. 17º-A e ss. do CIRE)[15], destinado a permitir ao devedor que, comprovadamente, se encontre em situação económica difícil ou em situação de insolvência meramente iminente, mas que ainda seja susceptível de recuperação, estabelecer negociações com os respectivos credores de modo a concluir com estes acordo conducente à sua revitalização (art. 17º-A, nº 1, CIRE). O processo de revitalização tem

[15] Cfr. Catarina Serra, "Processo especial de revitalização – contributos para uma «rectificação»" na *ROA* 72 (2012), II-III, pp. 715-741, "Revitalização – A designação e o misterioso objecto designado. O processo homónimo (PER) e as suas ligações com a insolvência (situação e processo) e com o SIREVE", em ID (org.), *I Congresso de Direito da Insolvência*, Coimbra, Almedina, 2013, pp. 85-106, e *O Processo especial de revitalização na jurisprudência*, Coimbra, Almedina, 2016, João Aveiro Pereira, "A revitalização económica dos devedores", em *O Direito* 145 (2013), I-II, pp. 9-50, Nuno Salazar Casanova / David Sequeira Dinis, *PER – O Processo Especial de Revitalização (Comentários aos artigos 17º-A a 17º-I do Código de Insolvência e de Recuperação de Empresas)*, Coimbra, Coimbra Editora, 2014, Fátima Reis Silva, *Processo Especial de Revitalização. Notas práticas e jurisprudência recente*, Porto, Porto Editora, 2014, Maria do Rosário Epifânio, *O Processo Especial de Revitalização*, Coimbra, Almedina, 2015, Alexandre Soveral Martins, *Um Curso de Direito da Insolvência*, 2ª ed., Coimbra, Almedina, 2016, pp. 509 e ss., João Botelho, *Viaticum para o PER*, Lisboa, Nova Causa, 2016, L. Miguel Pestana de Vasconcelos, *Recuperação de empresas: o processo especial de revitalização*, Coimbra, Almedina, 2017, e Diana Trindade, "O processo especial de revitalização – Análise crítica da reforma e o desígnio da recuperação", em Maria do Rosário Epifânio (org.), *Estudos de Direito da Insolvência*, II, Coimbra, Almedina, 2019, pp. 67-111.

carácter urgente, estando sujeito a todas as normas do CIRE que não sejam incompatíveis com a sua natureza (art. 17º-A, nº 3, CIRE)[16].

Conforme acima se salientou, este processo entra em contraste com a filosofia geral do CIRE, que assentava essencialmente no sistema de falência-liquidação, e que apenas permitia meios de recuperação do devedor após o mesmo ter sido declarado insolvente. Com o processo especial de revitalização, a lei passou a admitir uma intervenção judical antes da insolvência, destinada a permitir a recuperação do devedor, evitando assim que a mesma seja decretada. O enorme recurso a este processo por parte dos devedores tem demonstrado estar consolidada a tese de que a recuperação deve ocorrer antes da insolvência, em ordem a evitá-la e não posteriormente a ela, o que levou à perda de importância dos outros meios de recuperação, como o plano de insolvência ou o plano de pagamentos.

3.2. Pressupostos do processo especial de revitalização

Ao processo de revitalização apenas podem recorrer as empresas, independentemente de serem pessoas singulares ou colectivas, não tendo assim acesso ao PER o devedor que não seja empresário (arts. 1º, nº 2, e 17º-A, nº 2, CIRE)[17]. Os devedores não empresários têm, no entanto, à sua dis-

[16] Tem sido, porém, questionado se, além de urgente, o processo especial de revitalização goza de precedência sobre o serviço ordinário do tribunal, à semelhança do que o art. 9º CIRE prevê para o processo de insolvência. Entendemos responder afirmativamente, na sequência do que defendem NUNO CASANOVA / DAVID DINIS, *PER*, p. 19. Já CARVALHO FERNANDES/ /JOÃO LABAREDA, *Código*, sub art. 17º-A, nº 12, p. 141 sustentam a aplicação analógica dos nºs 2 e ss. do art. 9º ao PER, mas nada referem sobre o disposto no nº 1. Hesitante sobre esta questão veja-se ainda ROSÁRIO EPIFÂNIO, *O processo*, p. 14 e nota (11).

[17] Anteriormente ao Decreto-Lei 79/2017, de 30 de Junho, esta questão era objecto de discussão intensa na doutrina, considerando a maioria dos autores que qualquer pessoa, singular ou colectiva, poderia recorrer ao PER, independentemente de ser ou não empresário. Neste sentido, JOÃO AVEIRO PEREIRA, *O Direito* 145 (2013), I-II, p. 48, ROSÁRIO EPIFÂNIO, *O Processo*, pp. 15-16, e ALEXANDRE SOVERAL MARTINS, *Um curso*, p. 461, nota (5). Em sentido contrário, CARVALHO FERNANDES / JOÃO LABAREDA, *Código*, sub art. 17º-A, nº 8, p. 140, por considerarem que "a ideia de recuperabilidade do devedor tem constantemente sido ligada pela lei à existência de uma empresa no seu património e, neste sentido, à sua qualidade de empresário". Para além disso, "embora já num enquadramento insolvencial, a lei contempla um procedimento especialmente vocacionado para devedores que não sejam titulares de empresas, previsto e regulado nos arts. 251º e ss. por força do qual não se vê particular utilidade em cumular a possibilidade de recurso, por eles ao processo de revitalização (...)". Estes autores sustentam consequentemente que "o processo de revitalização se dirige somente a devedores empresários". Já NUNO CASANOVA / DAVID DINIS, *PER*, p. 13, entendem que "uma vez que

posição o processo especial para acordo de pagamento, previsto nos arts. 222º-A a 222º-J CIRE (art. 1º, nº 3, CIRE).

A lei refere que o processo de revitalização pode ser usado pelo devedor que se encontre em situação económica difícil (cfr. art. 17º-B CIRE) ou em situação de insolvência meramente iminente (art. 3º, nº 4, CIRE), mas que ainda seja susceptível de recuperação (art. 17º-A, nº 1, CIRE). Os pressupostos de recurso ao processo de revitalização são idênticos aos que se estabelece para o RERE, recorrendo-se igualmente aos conceitos de situação económica difícil e de insolvência meramente iminente que, conforme acima se referiu, são bastante próximos entre si, residindo a situação económica difícil no facto de a empresa enfrentar dificuldade séria para cumprir pontualmente as suas obrigações, designadamente por ter falta de liquidez ou por não conseguir obter crédito", enquanto que, nos termos do art. 3º, nº 4, CIRE a insolvência meramente iminente corresponde a iminência de o devedor se encontrar em impossibilidade de cumprimento de obrigações vencidas (cfr. art. 3º, nº 1, CIRE), ou no caso das pessoas colectivas, quando o seu passivo esteja na iminência de se tornar manifestamente superior ao activo, de acordo com as regras contabilísticas aplicáveis (cfr. art. 3º, nº 2, CIRE). Reiteramos, assim, que estas duas situações devem ser agregadas num conceito de pré-insolvência, correspondendo à situação em que a empresa se encontra em risco de atingir uma situação de insolvência efectiva, se não forem atempadamente tomadas providências de recuperação.

Para efeitos de recurso ao PER, a lei exige que a empresa apresente uma declaração escrita e assinada, atestando que reúne as condições necessárias para a sua recuperação, e apresente declaração subscrita, há menos de 30 dias, por contabilista certificado ou revisor oficial de contas, quando a revisão oficial de contas seja legalmente exigida, de que não se encotra em situação de insolvência actual, face aos critérios constantes do art. 3º (art. 17º-A, nº 2, CIRE). É assim hoje claro, como o comprova a necessidade de atestação de que a empresa não se encontra em situação de insolvência actual, que esta não poderá recorrer ao PER se já se encontrar em situação de insolvência efectiva, definida como a impossibilidade de cumprimento

o PER se destina a revitalizar o devedor, e não a liquidar o seu património, apenas podem ser objecto de um PER as pessoas colectivas e patrimónios autónomos que, mesmo não tendo uma finalidade lucrativa, exerçam uma actividade económica".

de obrigações vencidas (art. 3º, nº 1, CIRE), e também, no caso das pessoas colectivas ou patrimónios autónomos sem responsabilidade limitada da manifesta superioridade do activo em relação ao passivo (art. 3º, nº 2, CIRE). Não pode assim o processo de revitalização ser utilizado para elidir o dever de apresentação à insolvência (art. 18º CIRE)[18]. Uma vez que a lei equipara a insolvência actual à iminente em caso de apresentação à insolvência (art. 3º, nº 4, CIRE), parece nada impedir a empresa, que esteja nessa situação, de se apresentar imediatamente à insolvência, em lugar de requerer a sua revitalização. Não existe, porém, qualquer dever para a empresa, enquanto não estiver em situação de insolvência efectiva, de se apresentar à insolvência, nem sequer de requerer a sua revitalização[19].

Não é, no entanto, suficiente que a empresa esteja em situação económica difícil ou em situação de insolvência meramente iminente, exigindo também a lei que ainda seja susceptível de recuperação. No entanto, esta exigência basta-se com a simples declaração do devedor de preenche as condições necessárias para esse efeito (art. 17º-A, nº 2), não estando consagrada qualquer sanção processual para o caso de se verificar ser a declaração incorrecta. Efectivamente, parece inclusivamente ser de extrema dificuldade para alguma empresa a demonstração de que é suceptível de recuperação, uma vez que a mesma depende da forma como venham a evoluir as negociações para a revitalização do devedor.

Pelo contrário, já tem hoje que ser efectivamente demonstrado no processo que a empresa não se encontra em situação de insolvência efectiva, para o que se exige a apresentação de declaração subscrita há não mais de 30 dias, por contabilista certificado ou por revisor oficial de contas, sempre que a revisão de contas seja legalmente exigida, atestando que a empresa não se encontra em situação de insolvência actual, à luz dos critérios previstos no art. 3º (art. 17º-A, nº 2). Esta informação já tem que ser efectivamente comprovada no processo mediante um juízo pericial efectuado por técnico habilitado. Em consequência, o subscritor dessa decla-

[18] Neste sentido também CATARINA SERRA, em ID (org.), *I Congresso de Direito da Insolvência*, p. 94, que salienta ser intenção do legislador restringir o processo especial de revitalização a situações de pré-insolvência.

[19] Em sentido contrário, CARVALHO FERNANDES / JOÃO LABAREDA, *Código*, sub art. 3º, nºs 4 e 5, pp. 85-86, defendendo já existir um dever de apresentação à insolvência em caso de insolvência meramente iminente, consideram que esse dever fica cumprido se o devedor desencadear o processo especial de revitalização, como é sua faculdade.

ração já poderá vir a ser efectivamente responsabilizado, nos termos da responsabilidade por informações prevista no art. 485º CC em caso de incorrecção dessa atestação[20]. Para além disso, resulta do art. 17º-D, nº 11, que a empresa, bem como os seus administradores de direito e de facto, são solidária e civilmente responsáveis perante os credores, em virtude da falta ou incorrecção das informações prestadas, correndo autonomamente ao processo de revitalização a acção destinada ao apuramento das suas responsabilidades (art. 17º-D, nº 11).

3.3. Tramitação processual

3.3.1. Requerimento de início do processo

O processo especial de revitalização inicia-se desde que a empresa obtenha o acordo com credores que, não estando especialmente relacionados com esta, sejam titulares de 10% de créditos não subordinados, para encetarem negociações conducentes à revitalização daquela, por meio da aprovação de plano de recuperação (art. 17º-C, nº 1)[21]. Este limite mínimo de 10% pode, no entanto, ser reduzido pelo juiz a requerimento da empresa e de credores nas mesmas condições que detenham pelo menos 5% do valor dos créditos relacionados, ou mediante requerimento fundamentado da empresa, levando o juiz em consideração na apreciação do pedido o montante absoluto dos créditos relacionados e a composição do universo de credores (art. 17º-C, nº 5).

Para efeitos de início do processo, o devedor e o credor ou credores deverão assinar uma declaração datada (art. 17º-C, nº 2), com base na qual o devedor comunicará ao tribunal competente para declarar a sua insolvência que pretende dar início ao processo, juntando ao mesmo tempo cópia dos documentos referidos art. 24º, bem como de uma proposta de

[20] Poderá, por isso, haver dificuldades para as empresas que pretendem recorrer à revitalização em encontrar contabilistas ou revisores oficiais de contas dispostos a passar esse atestado. Efectivamente, a fronteira entre a pré-insolvência é muito ténue e difícil de estabelecer em concreto, pelo que não é fácil que alguém se disponha, por exemplo, a atestar que a empresa, apesar da ausência de liquidez e da falta de crédito, ainda não se encontra impossibilitada de cumprir obrigações vencidas, mas apenas com dificuldades para o fazer.

[21] Face a esta regra, apenas os credores comuns, garantidos ou privilegiados podem dar o seu acordo ao início das negociações, tendo que corresponder a 10% dos credores nessas condições. Já em relação aos credores subordinados, referidos no art. 48º, o seu acordo é considerado irrelevante para efeitos do processo de revitalização, não sendo assim contabilizados para efeitos do limiar mínimo de 10% dos credores.

plano de revitalização acompanhada, pelo menos, da descrição da situação patrimonial, financeira e reditícia da empresa (art. 17º-C, nº 3). No caso previsto no art. 17º-C, nº 5, a empresa deverá ainda juntar o requerimento subscrito por si e por 5% dos credores ou apenas por si subscrito.

3.3.2. Eventual indeferimento liminar do requerimento

Tem sido controvertido se o juiz tem a possibilidade nesta fase de indeferir liminarmente o processo especial de revitalização, designadamente por falta dos seus pressupostos legais, como na hipótese de o devedor já se encontrar em situação de insolvência actual. A jurisprudência tem se pronunciado contraditoriamente sobre esta questão[22], o mesmo sucedendo com a doutrina[23]. Temos defendido que o juiz deverá fazer uma apreciação

[22] Assim, no Ac. RP 15/11/2012 (CARDOSO AMARAL), processo 1457/12.2TJPRT-A.P1 sustenta-se que "o Juiz, ao proferir o despacho – recorrível – a que se alude na segunda parte da alínea *a)*, do nº 3 do art. 17º-C, não tem que verificar a existência dos requisitos materiais de que depende o recurso a tal procedimento, nem o seu eventual abuso". Da mesma forma, no Ac. RG 16/5/2013 (CONCEIÇÃO BUCHO), processo 284/13.4TBEPS-A.G1, sustenta-se que não compete ao juiz "averiguar se materialmente se verificam os requisitos de que depende o procedimento".

Mas já no Ac. RC 7/10/2013 (CARLOS MOREIRA), processo 754.13.4TBLRA.C1, se considerou que "se o juiz concluir que não está preenchido nenhum destes requisitos – v.g., por anterior actuação processual do requerente que três meses antes tinha requerido a sua insolvência alegando que esta era *actual e real* –, pode e deve, à míngua de justificação para a alteração da posição/pretensão, rejeitar liminarmente o pedido". Igualmente no Ac. RG 20/2/2014 (MOISÉS SILVA), processo 8/14.9TBGMR.G1, se considerou não poder recorrer ao PER "o devedor que, face ao que o próprio alega, está já em estado de insolvência, devendo ser indeferido liminarmente o respetivo pedido, para, além do mais, evitar a violação do dever de apresentação (art. 18º do CIRE)". Da mesma forma no Ac. RC 5/5/2015 (ALEXANDRE GONÇALVES), processo 996/15.8T8CRA-A.C1 se decidiu não homologar um plano de revitalização com fundamento na comprovada situação de insolvência actual do devedor, por se entender que compete ao juzi "impedir o uso abusivo do processo de revitalização e preservar a natureza e o fim com que a lei o gizou, bem como a credibilidade que a lei lhe conferiu".

[23] NUNO CASANOVA e DAVID DINIS, *PER*, p. 1,7 entendem que não compete ao juiz, aquando da recepção do pedido, fazer uma análise preliminar sobre a verificação dos seus pressupostos legais, admitindo, porém, a possibilidade de este rejeitar o pedido em caso de manifesta inviabilidade. Já ALEXANDRE SOVERAL MARTINS, *Um curso*, p. 462, refere ter "sido dito que não estará a ser efetuado um controlo dessa situação de inexistência de insolvência actual [...] porque o art. 17º, nº 3, *a)*, estabelece que o juiz, depois de receber a comunicação do devedor de que pretende dar início às negociações, nomeia de imediato o administrador judicial provisório". Pronunciando-se contra esse entendimento, o autor sustenta a aplicação analógica

liminar, ainda que restrita, nesta fase, apenas nomeando o administrador judicial provisório se o pedido cumprir os requisitos legais. A apresentação indevida de um processo de revitalização pode inclusivamente justificar a responsabilização do devedor que recorreu abusivamente a esse processo[24]. Não nos parece que, após a alteração efectuada pelo Decreto-Lei 79/2017, de 30 de Junho, ao art. 17º-A, nº 2, com a exigência de que o devedor forneça um atestado de que não se encontra em situação de insolvência, se altere esse entendimento. Efectivamente, o referido atestado não dispensa o juiz de efectuar essa apreciação liminar, averiguando se estão preenchido os pressupostos de que depende o seguimento do processo.

3.3.3. Nomeação do administrador judicial provisório

Perante a apresentação do requerimento, e não havendo razões para o seu indeferimento liminar, o juiz nomeia de imediato por despacho administrador judicial provisório (art. 17º-C, nº 4, CIRE), sendo o referido despacho imediatamente notificado à empresa e objecto da publicidade referida no arts. 37º e 38º (art. 17º-C, nº 5, CIRE).

Da remissão do art. 17º-C, nº 4, para o disposto no art. 32º resulta que o administrador judicial provisório é obrigatoriamente escolhido a partir da lista oficial de administradores judiciais (cfr. art. 13º da Lei 22/2013). A doutrina tem, porém, entendido não ser aplicável a parte final do nº 1 desse artigo, não tendo assim o juiz que ter em conta a proposta eventualmente feita no requerimento inicial no caso de processos em que seja previsível a existência de actos de gestão que requeiram especiais conhecimentos ou quando o devedor seja uma sociedade comercial em relação

do art. 27º, que prevê uma apreciação liminar. No mesmo sentido, CARVALHO FERNANDES e JOÃO LABAREDA, *Código*, sub art. 17º-C, nº 4, p. 146, sustentam a aplicação analógica do art. 27º, nº 1, *b)*, no caso em que o devedor não junta os documentos que deveria juntar, admitindo o indeferimento do pedido se ele no prazo máximo de 5 dias não suprir a falta. Da mesma forma, JOÃO AVEIRO PEREIRA, *O Direito* 145 (2013), I-II, p. 36, considera que o tribunal "pode recusar o pedido de acesso ao processo de revitalização e não nomear administrador (...) com base numa apreciação perfunctória da própria declaração e dos documentos que a acompanham, pois desses elementos poderá resultar, sem quaisquer dúvidas, por exemplo, que o devedor está em situação de insolvência actual, ou até, ainda que insólito pareça, já foi como tal declarado".

[24] Cfr. MENEZES LEITÃO, "A responsabilidade pela abertura indevida do processo especial de revitalização", em CATARINA SERRA (org.), *II Congresso de Direito da Insolvência*, Coimbra, Almedina, 2014, pp. 143-151.

de domínio ou de grupo com outras sociedades cuja revitalização haja sido requerida e se pretenda a nomeação do mesmo administrador nos diversos processos. Efectivamente, uma vez que no processo de revitalização não se exige ao administrador especiais conhecimentos para a prática de actos de gestão, não se justifica estabelecer essa solução[25].

No mesmo despacho deve o juiz proceder à fixação da remuneração do administrador judicial provisório (art. 17º-C, nº 4), e art. 32º, nº 3, CIRE). Essa remuneração deve ser fixada nos termos da Portaria nº. 51/2005, de 20 de Janeiro[26].

Nos termos do 1º, nº 2, *b)* do Novo Regime do Fundo de Garantia Salarial, anexo ao D.L. 59/2015, de 21 de Abril, logo após a sua nomeação, o administrador judicial provisório deve notificar o Fundo da apresentação do requerimento previsto no art. 17º-C do CIRE, com cópia dos documentos que o acompanham, bem como despacho que o nomeou.

Uma vez nomeado, compete ao administrador judicial provisório convidar os credores a participar nas negociações com a empresa (art. 17º-D, nº 1), devendo participar nessas negociações, orientando e fiscalizando o decurso dos trabalhos e a sua regularidade (art. 17º-D, nº 9) cabendo-lhe, na falta de convenção entre todos os intervenientes, definir as regras que irão reger as negociações (art. 17º-D, nº 8). O administrador judicial provisório recebe as reclamações e elabora a lista provisória de créditos (art. 17º-D, nº 2), podendo acordar com o devedor a prorrogação do prazo para as negociações (17º-D, nº 5), devendo comunicar ao tribunal o encerramento do processo negocial caso o devedor e a maioria dos credores concluírem antecipadamente não ser possível alcançar acordo, ou caso seja ultrapassado o prazo para a conclusão das negociações e publicita tal facto no portal Citius (art. 17º-G, nº 1). Cabe ainda ao administrador judicial provisório receber os votos, abri-los em conjunto com o devedor e elaborar o documento com o resultado da votação (art. 17º-F, nº 6), bem como atestar a documentação que comprove a aprovação unânime do plano de recuperação (art. 17º-F, nº 4)

[25] Neste sentido, Fátima Reis Silva, *Processo*, pp. 27-28 e Rosário Epifânio, *O processo*, pp. 27-28.

[26] Neste sentido, cfr. Ac. RC 15/7/2015 (Henrique Antunes), processo 4725/14, na *CJ* 40 (2015), 3, pp. 40-45. Em sentido contrário, sustentando a inaplicabilidade da referida portaria, por não estar em causa no PER a liquidação da massa insolvente, cfr. Ac. RC 16/2/2016 (Maria João Areias), processo 543/14.6T8CBR.C1, na *CJ* 41 (2016), 1, pp. 23-25.

Para além disso, compete ao administrador judicial provisório autorizar ou não o devedor a praticar actos de especial relevo (art. 17º-E, nºs 2 a 5), e emitir parecer, após ouvir o devedor e os credores, sobre se o devedor se encontra em situação de insolvência, e, em caso afirmativo, requer a insolvência do devedor (nº 4 do artº 17º-G).

Caso o administrador judicial provisório não cumpra as suas obrigações, poderá ser destituído por aplicação analógica do art. 56º, nº 1[27].

3.3.4. Apensação de outros processos

A lei estabelece que, oficiosamente, ou a requerimento do administrador judicial provisório, devem ser apensados aos autos os processos especiais de revitalização intentados por sociedades comerciais em relação aos quais a empresa se encontre em relação de domínio ou de grupo, nos termos dos arts. 488º e ss. CSC, podendo o mesmo requerimento ser formulado por todas as empresas naquelas circunstâncias que tenham intentado processo especial de revitalização (Art. 17º-C, nº 7). Essa apensação apenas pode, porém, ser requerida até ao início do prazo para as negociações previsto no art. 17º-D, nº 5 no processo ao qual os demais devam ser apensados (art. 17º-C, nº 8).

No entanto, caso os processos corram termos em tribunais com diferente competência em razão da matéria, a apensação só é determinada se for requerida pelo administrador da insolvência do processo instaurado em tribunal de competência especializada e se for decidida pelo juiz do mesmo processo (art. 86º, nº 4, aplicável por força do art. 17º-C, nº 8).

3.3.5. Reclamação e impugnação de créditos

Uma vez recebida a notificação do despacho de nomeação do administrador judicial provisório, a empresa comunica por carta registada aos seus credores que não tenham subscrito a declaração de que deu início ao processo de revitalização, convidando-os a participar nas negociações, se assim o entenderam (art. 17º-D, nº 1). Uma vez que apenas os credores têm legitimidade para participar nas negociações, só a estes o convite pode ser dirigido, não tendo qualquer outra entidade legitimidade para o efeito[28].

[27] Cfr. Ac. RL 13/3/2014 (Jorge Leal), processo 1904/12.3TYLSB.L1-2

[28] No Ac. RG 7/12/2016 (Isabel Silva), processo 5110/15.7T8VNF-A.G1, considerou-se que o beneficiário de uma garantia constituída pela empresa em relação a uma dívida alheia não

Os credores devem ainda ser avisados de que a documentação prevista no nº 1 do art. 24º e a proposta de plano de revitalização se encontram pendentes na secretaria do tribunal para consulta (art. 17º-D, nº 1, *in fine*).

Os credores têm um prazo de 20 dias, contados desde a publicação no Citius do despacho que nomeia o administrador judicial provisório para reclamarem perante este os seus créditos, após o que o mesmo elabora, no prazo de cinco dias, uma lista provisória dos créditos (art. 17º-D, nº 2). Embora não esteja em causa no PER a graduação dos créditos, tem-se entendido que o administrador judicial provisório não está dispensado de indicar na lista provisória de créditos de utilizar a nomenclatura e a classificação constantes do art. 47º, devendo por isso especificar quais são os créditos garantidos, privilegiados, comuns e subordinados[29].

A lista, uma vez publicada no Citius, torna-se definitiva se não for impugnada no prazo de cinco dias úteis, tendo o juiz idêntico prazo para decidir as impugnações apresentadas (art. 17º-D, nºs 3 e 4)[30]. As impugnações só podem ser baseadas em prova documental que comprove a natureza, montante e vencimento do crédito reclamado[31]. Ao contrário do que se prevê no âmbito do processo de insolvência (art. 146º) não parece admissível no âmbito do processo especial de revitalização a verificação ulterior de créditos[32].

Constitui posição pacífica a de que a lista definitiva dos créditos no processo especial de revitalização tem apenas por objectivo permitir aos credores a participação nas negociações, não sendo por isso idónea a permitir a futura verificação e graduação dos créditos reclamados em caso de insolvência do devedor, nos termos dos arts. 128º e ss. CIRE. Efectivamente,

é credor da mesma, pelo que não pode ser convocado para as negociações no âmbito do PER. Em consequência considerou-se ineficaz em relação ao beneficiário a cláusula do PER que reduzia o âmbito de uma hipoteca para pagamento de dívida alheia.

[29] Cfr. Ac. RL 20/2/2014 (Fátima Galante), processo 1390/13.0TBTVD-A.L1-6.

[30] Na jurisprudência tem-se entendido não ser aplicável à impugnação da lista provisória de créditos no processo especial de revitalização a norma constante do art. 139º, nº 5, do CPC, pelo que se for ultrapassado o prazo de 5 dias úteis previsto no art. 17º-D, nº 3, a lista converte-se em definitiva, nos termos do nº 4 da mesma disposição. Neste sentido, cfr. Ac. RC 2/2/2016 (Maria João Areias), processo 2935/15.7T8CBR.C1, na *CJ* 41 (2016), 1, pp. 7-11.

[31] Neste sentido, cfr. Ac. RL 29/5/2014 (Tomé Ramião), processo 723/13.4TYLSB.L1-6.

[32] Neste sentido, Fátima Reis Silva, *Processo*, p. 49, e Alexandre Soveral Martins, *Um curso*, pp. 472-473, nota (38). Na jurisprudência, cfr. Ac. RG 2/5/2013 (Antero Veiga), processo 3695/12.9TBBRG-C.G1.

em virtude da sua natureza, o PER não se destina a resolver litígios sobre a existência e a qualificação dos créditos, uma vez que a decisão sobre a reclamação dos créditos é meramente incidental, destinada à fixação do *quorum* deliberativo, não tendo eficácia fora do processo nos termos do art. 91º, nº 2 CPC[33]. Assim, não seria possível decidir nesta sede com eficácia de caso julgado se o credor é titular de um crédito garantido ou de um crédito comum, uma vez que, ao contrário do que sucede no processo de insolvência, em que todos os credores são notificados das impugnações apresentadas (art. 130º), podendo apresentar resposta (art. 131º), no processo especial de revitalização o contraditório é estabelecido apenas entre o administrador da insolvência e o credor impugnante (art. 17º-D, nºs 2 e 3)[34]. Assim sendo, tem que se admitir que o credor que teve o seu crédito indevidamente qualificado no processo de revitalização deverá poder voltar a reclamá-lo no processo de insolvência, apesar do que se dispõe no art. 17º-G, nº 7, seguindo-se novamente o processo dos arts. 128º e ss. para uma discussão mais aprofundada.

3.3.6. Negociações entre a empresa e os credores

Os declarantes dispõem então de um prazo de dois meses para concluir as negociações, podendo esse prazo ser prorrogado uma única vez, por um mês, mediante acordo escrito entre o administrador judicial provisório e a empresa, devendo tal acordo ser junto aos autos e publicado no Citius (art. 17º-D, nº 5). Este prazo conta-se a partir do final do prazo para apresentação das impugnações da lista provisória de créditos, não se suspendendo até à decisão das mesmas impugnações[35]. O prazo é considerado peremptório, determinando o encerramento do processo se for ultrapas-

[33] Neste sentido, cfr. Carvalho Fernandes / João Labareda, *Código*, sub art. 17º-D, nº 12, p. 155, e Nuno Casanova / David Dinis, *PER*, p. 78.

[34] Neste sentido, cfr. Ac. STJ 1/7/2014 (Sareta Pereira), processo 2852/13.5TBBRG-A.G1.S1. e Ac. RC 17/6/2014 (Fernando Monteiro), processo 728/13.5TBSCD-A.C1, Ac. RC 14/4/2015 (Luís Cravo), processo 904/14.3TBPBL-A.C1.

[35] Neste sentido cfr. Ac. RC 26/2/2013 (Arlindo Oliveira), processo 1175/12.1T2AVR.C1, Ac. RP 19/11/2013 (José Igreja Matos), processo 579/13.7TBSTS.P1, Ac. RL 13/3/2014 (Jorge Leal), processo 1904/12.3TYLSB.L1-2, Ac. RL 20/11/2014 (Teresa Pais), processo 14286/14.0T2SNT-A.L1-8, e Ac. STJ 22/2/2017 (José Rainho), processo 13031/15.7T8LSB.L1.S1. Em sentido contrário, veja-se, porém, Ac. RL 10/4/2014 (Maria Do Rosário Morgado), processo 8972/13.9T2SNT.L1-7, e Ac. RL 9/12/2014 (Cristina Coelho), processo 62/14.3TYLSB.A.L1.

sado (art. 17º-G, nº 1). Em consequência caduca o direito de prosseguir as negociações ao fim do mesmo, pelo que o plano de recuperação deixa de poder ser homologado se o acordo com os credores só for obtido depois de decorrido este prazo[36].

Os credores que o desejem poderão a todo o tempo participar nas negociações, mediante o envio de cartas registadas, que são juntas ao processo (art. 17º-D, nº 7). As negociações são dirigidas pelo administrador judicial provisório (art. 17º-D, nº 9), a quem cabe fixar as regras das mesmas, caso não se obtenha um acordo entre todos os intervenientes. Por indicação do devedor, o mediador que haja participado na elaboração de uma proposta de plano de reestruturação no quadro do RERE pode assistir o devedor nas negociações a realizar no processo especial de revitalização que seja iniciado por requerimento desse devedor (art. 15º da Lei 6/2018). Para além disso, podem participar nas negociações os peritos que cada um dos intervenientes considerar oportuno, cabendo a cada qual suportar os custos dos peritos que haja contratado, se o contrário não resultar expressamente do plano de recuperação que venha a ser aprovado (art. 17º-D, nº 8, *in fine*).

Quer a empresa quer os credores devem empenhar-se activamente na procura do acordo que permita a revitalização do devedor[37], uma vez que é esse o objectivo final do processo. Durante as negociações, os intervenientes devem actuar em conformidade com os princípios constantes da Resolução 43/2011, de 25 de Outubro (art. 17º-D, nº 10). A empresa fica vinculada por deveres especiais de informação, quer perante o adminis-

[36] Neste sentido, cfr. Ac. RL 13/3/2014 (Jorge Leal), processo 1904/12.3TYLSB.L1-2, Ac. RC 21/4/2015 (Fonte Ramos), processo 2460/14.3TBLRA.C1, Ac. STJ 8/9/2015 (Fonseca Ramos), processo 570/13.3TBSRT.C1.S1, Ac. STJ 17/11/2015 (José Rainho), processo 1557/14.4TBMTJ.L1.S1, Ac. STJ 19/4/2016 (Ana Paula Boularot), processo 7543/14.7T8SNT.L1.S1, Ac. STJ 21/6/2016 (Ferandes do Vale), processo 3245/14.2T8GMR.G1.S1, Ac. STJ 18/10/2016 (Pinto de Almeida), processo 2903/15.9T8BRR.L1.S1, na *CJ-ASTJ* 24 (2016), 3, pp. 77-79, Ac. STJ 22/2/2017 (José Rainho), processo 13031/15.7T8LSB.L1.S1, Ac. STJ 27/4/2017 (Ana Paula Boularot), processo 1839/15.8T8STR.E1.S1, Ac. STJ 6/6/2017 (Ana Paula Boularot), processo 12966/16.4T8LSB.L1.S1 e Ac. STJ 6/11/2018 (JOSÉ RAINHO), processo 5106/16.1T8GMR.G2.S2.

[37] Nuno Pinto Oliveira, "Entre Código de Insolvência e princípios orientadores: um dever de (re)negociação?", na *ROA* 72 (2012), nºs 2/3, pp. 677-689, chega mesmo a defender que os que os credores têm um dever de renegociação por força do princípio da boa fé, pelo que não devem obstar a um acordo razoável que venha a ser proposto pelo devedor, podendo ser responsabilizados se o fizerem.

trador judicial provisório, quer perante os seus credores (art. 17º-D, nº 6), podendo incorrer, quer a empresa, quer os seus administradores de direito e de facto, em responsabilidade, em caso de falta ou incorrecção das comunicações e informações a estes prestadas, mas a acção respectiva corre autonomamente ao processo especial de revitalização (art. 17-D, nº 11).

3.4. Efeitos da nomeação do administrador judicial provisório

3.4.1. Efeitos sobre a empresa

A nomeação do administrador judicial provisório implica a inibição da empresa para a prática de actos de especial relevo, tal como são definidos no art. 161º, a menos que obtenha autorização prévia do administrador judicial provisório (art. 17º-E, nº 2).

Conforme já se referiu, a definição de actos de especial releva não se encontra legislativamente estabelecida, determinando o art. 161º, nº 2, a necessidade de uma valoração do acto em concreto atendendo-se aos riscos envolvidos e às suas repercussões sobre a tramitação ulterior do processo, às perspectivas de satisfação dos credores e à susceptibilidade de recuperação da empresa.

Em qualquer caso, o art. 161º, nº 3, efectua uma enumeração exemplificativa de actos de especial relevo, considerando como tais:

a) A venda da empresa, de estabelecimentos ou da totalidade das existências;
b) A alienação de bens necessários à continuação da exploração da empresa, anteriormente ao respectivo encerramento;
c) A alienação de participações noutras sociedades destinadas a garantir o estabelecimento com estas de uma relação duradoura;
d) A aquisição de imóveis;
e) A celebração de novos contratos de execução duradoura;
f) A assunção de obrigações de terceiros e a constituição de garantias;
g) A alienação de qualquer bem da empresa por preço igual ou superior a € 10000 e que represente, pelo menos, 10% do valor do seu activo, tal como existente à data da nomeação do administrador judicial provisório, salvo se se tratar de bens do activo circulante ou for fácil a sua substituição por outro da mesma natureza.

A empresa deixa, assim, de poder praticar qualquer destes actos sem autorização do administrador judicial provisório. A autorização tem que ser requerida por escrito, e concedida pela mesma forma (art. 17º-E, nº 3), não podendo decorrer mais de cinco dias entre o pedido e a resposta, devendo sempre que possível recorrer-se a comunicações electrónicas (art. 17º-E, nº 4). A falta de resposta do administrador judicial provisório ao pedido formulado pelo devedor corresponde à recusa de autorização para a realização do negócio pretendido (art. 17º-E, nº 5).

A nomeação do administrador judicial provisório não suspende, no entanto, o dever de a empresa se apresentar à insolvência, nos termos do art. 18º, caso esta se verifique na vigência do PER, pelo que a omissão de apresentação à insolvência pode implicar responsabilidade dos administradores, nos termos do art. 186º, nº 3, *a)*[38].

3.4.2. Suspensão dos prazos de prescrição e de caducidade

Um outro efeito resultante da nomeação do administrador judicial provisório é a suspensão dos prazos de prescrição e caducidade. Efectivamente, dispõe o art. 17º-E, nº 7 que "a decisão a que se refere o nº 4 do artigo 17º-C determina a suspensão de todos os prazos de prescrição e de caducidade oponíveis pela empresa, durante todo o tempo em que perdurarem as negociações e até à prolação dos despachos de homologação, de não homologação, caso não seja aprovado plano de recuperação até ao apuramento do resultado da votação ou até ao encerramento das negociações nos termos previstos nos nºs 1 e 5 do artigo 17º-G.". Trata-se, neste caso, de uma situação de suspensão e não de interrupção dos prazos de prescrição e de caducidade, pelo que o tempo anteriormente decorrido antes da suspensão é contabilizado na altura em que o prazo volta a correr.

3.4.3. Efeitos sobre outros processos

A nomeação do administrador judicial provisório no processo de revitalização tem como efeito obstar à instauração de quaisquer acções para cobrança de dívidas contra a empresa e, durante todo o tempo em que perdurarem as negociações, suspende, quanto à empresa as acções em curso com idêntica finalidade. Tem sido objecto de discussão na doutrina se a expressão "quaisquer acções para cobrança de dívidas" abrange apenas as acções executivas ou também as acções declarativas condenatórias. A melhor posição é a de que são abrangidas todas as acções destinadas à

[38] Cfr. Ac. STJ 23/10/2018 (Catarina Serra), processo 8074/16.6T8CBR-D.C1.S2

cobrança de dívidas, sejam elas declarativas ou executivas, e independentemente da natureza da dívida[39]. Estas acções ficam assim suspensas e extinguir-se-ão logo que seja aprovado e homologado plano de recuperação, salvo quando este preveja a sua continuação (art. 17º-E, nº 1). Naturalmente, no entanto, que essa extinção não se verifica em relação a créditos que tenham sido constituídos após a nomeação do administrador judi-

[39] Neste sentido, cfr. CARVALHO FERNANDES/JOÃO LABAREDA, *Código*, sub art. 17º-E, nº 3, p. 160, ANA PRATA/JORGE MORAIS CARVALHO/RUI SIMÕES, *Código*, sub art. 17º-E, nº 2, pp. 64-65, FÁTIMA REIS SILVA, *Processo*, p. 53, ALEXANDRE SOVERAL MARTINS, *Um curso*, pp. 470-471, e nota (34) e ARTUR DIONÍSIO OLIVEIRA, "Os efeitos processuais do PER e os créditos litigiosos", em CATARINA SERRA (org.), *III Congresso de Direito da Insolvência*, Coimbra, Almedina, 2015, pp. 199-228 (208 e ss.). Em sentido próximo, considerando que a suspensão abrange tanto acções declarativas e executivas, mas apenas se forem relativas a obrigações pecuniárias, cfr. JOÃO AVEIRO PEREIRA, *O Direito* 145 (2013), I-II, p. 24, Em sentido contrário, defendendo estarem aqui apenas em causa as acções executivas, cfr. ROSÁRIO EPIFÂNIO, *O processo*, pp. 32-33, e nota (43). Mais longe vão ainda NUNO CASANOVA/DAVID DINIS, *PER*, pp. 97-98, defendendo que esta disposição exclui as acções declarativas, as execuções para prestação de coisa e de facto, e a generalidade dos procedimentos cautelares, abrangendo apenas as acções executivas para pagamento de quantia certa e os procedimentos cautelares antecipatórios de acções que deveriam ser suspensas ao abrigo da mesma. No mesmo sentido, ainda que com alguma hesitação, RUI PINTO, "Os terceiros garantes face ao processo especial de revitalização (PER). Algumas notas", em ANTÓNIO MENEZES CORDEIRO / EDUARDO PAZ FERREIRA / JANUÁRIO COSTA GOMES, *Estudos em homenagem ao Professor Doutor Carlos Pamplona Corte-Real*, Coimbra, Almedina, 2016, pp. 865-893 (870 e ss.).

Também a jurisprudência se tem pronunciado maioritariamente no sentido de que as acções para cobrança de dívidas abrange todos os créditos com expressão pecuniária, pelo que todas as acções são suspensas, incluindo as declarativas, e mesmo que relativas a créditos laborais. Neste sentido, cfr. Ac. RC 16/10/2012 (CARLOS MOREIRA), processo 421/12.6TBTND.C1, Ac. RC 27/2/2014 (RAMALHO PINTO), processo 1112/13.6TTCBRC.1, Ac. RL 6/5/2014 (ONDINA CARMO ALVES), processo 171085/12.0YPRT.L1-2, Ac. RL 18/6/2014 (MARIA JOÃO ROMBA), processo 899/12.8TTVFX.L1-4, Ac. RP 30/6/2014 (CAIMOTO JÁCOME), processo 1251/12.0TYVNG.P1, Ac. RP 4/7/2014 (JOÃO NUNES), processo 344/13.1TTMAI.P1, Ac. STJ 26/11/2015 (ANA LUÍSA GERALDES), processo 1190/12.5TTLSB.L2.S1, Ac. STJ 5/1/2016 (NUNO CAMEIRA), processo 172724/12.6YIPRT.L1.S1, Ac. STJ 17/3/2016 (ANA LUÍSA GERALDES), processo 33/13.7TTBRG.P1.G1.S2, Ac. STJ 31/5/2016 (ANA LUÍSA GERALDES), processo 7976/14.9T8SNT.L1.S1, Ac. STJ 15/9/2016 (ANTÓNIO LEONEL DANTAS), processo 2817/09.1TTLSB.L1.S1 e Ac. STJ 17/11/2016 (ANA LUÍSA GERALDES), processo 43/13.4TTPRT.P1.S1.

Defendendo a suspensão apenas das acções declarativas e executivas relativas a obrigações pecuniárias, cfr. Ac. RC 3/3/2015 (MANUEL CAPELO), emitido no processo 1075/13.8TVBIS.C1. Excluindo da suspensão as acções declarativas, veja-se, porém, Ac. RL 7/11/2013 (LEOPOLDO), emitido no processo 1190/12.5TTLSB.L1-4 e Ac. RL 21/4/2015 (LUÍS ESPÍRITO SANTO), processo 172724/12.6YIPRT.L1-7.

cial provisório[40] e também não parece que se possa aplicar se a dívida em questão tiver sido omitida na relação de créditos que deu origem ao plano de recuperação, não tendo por isso sido contemplados nesse plano[41]. Também já se decidiu que, sendo a suspensão relativa a acções de cobrança de dívidas, não abrange outro tipo de acções, como a declaração de nulidade de um trespasse pelo qual a empresa adquiriu um estabelecimento farmacêutico[42], ou a fixação de incapacidade por acidente de trabalho[43]. Já relativamente à providência cautelar para restituição de bens objecto de contrato de locação financeira, a jurisprudência não tem tido uma orientação uniforme[44].

A lei, no entanto, apenas determina a suspensão das acções contra a empresa, pelo que nada parece impedir a instauração e prossecução de acções contra os garantes, sejam eles devedores principais ou subsidiários ou até simples garantes reais[45].

No caso de a acção contra a empresa ainda não ter sido instaurada e o for após a nomeação do administrador judicial provisório, apesar do impedimento legal, o tribunal deve pôr-lhes termo, absolvendo o réu da instância, em virtude de ocorrer uma excepção dilatória inominada (arts. 278º, nº 1, *e)* e nº 2 e art. 576º, nº 2 CPC)[46]. Uma vez que se trata de uma excepção dilatória, o juiz deve conhecer dela oficiosamente, ainda que o réu

[40] Cfr. Ac. RP 17/11/2014 (Paula Leal de Carvalho), processo 295/14.2TTPNF.P1, Ac. RP 5/1/2015 (Fernanda Soares), processo 290/14.1TTPNF.P1 e Ac. RC 28/1/2016 (Felizardo Paiva), processo 791/15.4TBGRD.C1.

[41] Cfr. Ac. RL 11/1/2017 (Sérgio Almeida), processo 2063/13.0TTLSB.L1, na *CJ* 42 (2017), 1, pp. 137-139.

[42] Cfr. Ac. RC 25/2/2014 (Freitas Neto), processo 350/09.0T2AND.C1

[43] Cfr. Ac. RP 7/4/2014 (Paula Roberto), processo 918/12.8TTPRT.P1.

[44] No Ac. RL 20/2/2014, processo 1258/13.0TJLSB.L1-2 e no Ac. STJ 3/3/2015, processo 1480/13.0TYLS.L1.S1, considerou-se que a providência cautelar de resolução de um contrato financeira interposta pelo locador era igualmente suspensa. Já no Ac. RP 21/1/2016 (Carlos Portela), processo 288/15.2T8PVZ.P1, na *CJ* 41 (2016), 1, pp. 156-158, considerou-se que a suspensão não abrange uma providência cautelar de restituição de imóveis na sequência da resolução de um contrato de locação financeira.

[45] Neste sentido, cfr. Nuno Salazar Casanova / David Sequeira Dinis, *PER*, p. 104, e Rui Pinto, *Estudos Pamplona Corte-Real*, pp. 875 e ss., e na jurisprudência, cfr. Ac. RG 17/12/2013 (Edgar Gouveia Valente), processo 1582/13.2TBVCT-A.G1, e Ac. RE 23/10/2014 (Paulo Amaral), processo 652/13.1TBOLH-B.E1

[46] Artur Dionísio Oliveira, em Catarina Serra (org.), *III Congresso de Direito da Insolvência*, Coimbra, Almedina, 2015, p. 201, considera mesmo que, se forem instauradas acções de cobrança de dívidas contra a empresa após a nomeação do administrador judicial

não a tenha invocado na contestação (arts. 573º e 578º CPC), ainda que se deva entender que, por força do princípio da colaboração com o tribunal, o réu esteja obrigado a comunicar ao processo a pendência do processo de revitalização[47]. Em caso de omissão desse dever, o réu não poderá por isso prevalecer-se da nulidade da sentença, uma vez que terá sido quem deu causa à mesma[48].

Da mesma forma, os processos de insolvência em que anteriormente haja sido requerida a insolvência da empresa suspendem-se na data da publicação no portal Citius do despacho de nomeação do administrador judicial provisório, desde que não tenha sido proferida sentença declaratória da insolvência[49], extinguindo-se logo que seja aprovado e homologado plano de recuperação (art. 17º-E, nº 6)[50].

3.4.4. Efeitos sobre os fornecedores de serviços públicos essenciais

Determina o art. 17º-E, nº 8 que a partir da decisão de nomeação do administrador judicial provisório não pode ser suspensa a prestação dos seguintes serviços públicos essenciais:

provisório, as mesmas devem ser extintas por impossibilidade originária da lide (cfr. art. 277º *e)* CPC).

[47] Cfr. Ac. STJ 17/12/2015 (Maria dos Prazeres Beleza), processo 845/13.1TBABF.E1.S1.

[48] Neste sentido, Ac. RG 30/5/2013 (Moisés Silva), processo 178/11.8TCGMR.G1.

[49] Conforme refere Alexandre de Soveral Martins, *Um curso*, p. 472, a não suspensão dos processos de insolvência, nos termos do nº 6, no caso de já ter sido proferida a respectiva sentença declaratória, justifica-se pelo facto de não poder recorrer ao PER o devedor que já se encontre em situação de insolvência actual (art. 17º-A, nº 1). Carvalho Fernandes / João Labareda, *Código*, sub art. 17º-E, nº 6, pp. 161-162, entendem que, por esse motivo, também não se deverão suspender os processos de insolvência desencadeados por apresentação do devedor, uma vez que esta importa reconhecimento da sua situação de insolvência (art. 28º), nem os processos em que o devedor não tenha deduzido oposição à insolvência, com os efeitos previstos no art. 30º, nº 5, dado que o processo de revitalização não pode ser usado para paralisar nesses casos o processo de insolvência. Os autores limitam-se a aplicação da suspensão dos processos de insolvência "aos casos de proc
essos de insolvência iniciados ao abrigo do art. 20º, cujo pedido foi contestado e ainda não está decidido à data em que é feita a publicação do despacho de prosseguimento do processo de revitalização".

[50] Salientam, no entanto, com razão Nuno Casanova / David Dinis, *PER*, p. 117, que o efeito da extinção dos processos de insolvência depende do trânsito em julgado da sentença homologatória do plano, uma vez que não faria sentido que os requerentes da insolvência fossem obrigados a instaurar novos processos, caso a sentença homologatória viesse a ser revogada em recurso.

a) Serviço de fornecimento de água;
b) Serviço de fornecimento de energia eléctrica;
c) Serviço de fornecimento de gás natural e gases de petróleo liquefeitos canalizados;
d) Serviço de comunicações electrónicas;
e) Serviços postais;
f) Serviço de recolha e tratamento de águas residuais;
g) Serviços de gestão de resíduos sólidos urbanos.

Os fornecedores desses serviços públicos essenciais perdem assim, durante a fase das negociações, a faculdade de recorrer à excepção de não cumprimento do contrato (arts. 428º e ss. CC) e até à resolução por incumprimento (art. 801º, nº 2, CC) em ordem a evitar que uma suspensão da actividade da empresa, em resultado da ausência de fonecimento dos serviços públicos essenciais, pudesse prejudicar a negociação com os credores para a sua revitalização.

Como contrapartida pela retirada desses direitos, estabelece, entanto, o art. 17º-E, nº 9, que o preço dos serviços públicos prestados nesse período que não sejam objecto de pagamento pela empresa será considerado dívida da massa insolvente em insolvência da mesma que venha a ser decretada nos dois anos posteriores ao termo do prazo das negociações.

O art. 17º-E, nº 9, *in fine*, ressalva-se, no entanto, o disposto no art. 10º da Lei 23/96, de 26 de Julho, alterada e republicada pela Lei 12/2008, de 26 de Fevereiro, e alterada pelas Leis nºs 24/2008, de 2 de Junho, 6/2011, de 10 de Março, 44/2011, de 22 de Junho, e 10/2013, de 28 de Janeiro. Essa lei estabelece um prazo de prescrição de seis meses para estas obrigações, a partir da prestação do serviço (art. 10º, nº 1, da Lei 23/96), assim como um prazo de caducidade do direito ao recebimento da diferença de preço, em caso de pagamento inferior por erro do prestador de serviços, a contar do pagamento inicial (art. 10º, nº 2, da Lei 23/96). É difícil por isso entender o significado dessa ressalva, a qual não parece ter por efeito a exclusão desses prazos de prescrição e caducidade da suspensão, sob pena de a mesma ter um âmbito de aplicação muito reduzido. Parece assim que a ressalva se refere aos prazos estabelecidos essa disposição, que se mantêm, mas essa prescrição ou caducidade apenas pode ocorrer, no entanto, após o termo das negociações, uma vez que, conforme acima se referiu, durante o prazo em que decorrerem as mesmas, esses prazos ficam suspensos.

3.5. Apresentação do plano de revitalização e eventual reacção dos credores

As negociações para a revitalização do devedor devem terminar com a aprovação de um plano de recuperação. A empresa deve por isso aproveitar as negociações com os credores para elaborar a versão definitiva do plano de revitalização, deixando-o nas condições necessárias para obter o assentimento da maioria dos credores. Nesse caso, e nos termos do nº 1 do art. 17º-F, a empresa deposita no tribunal até ao último dia do prazo das negociações, a versão final do plano de revitalização, sendo de imediato publicada no portal Citius a indicação do depósito.

Em virtude da remissão do art. 17º-F, nº 1, para o art. 195º, aplica-se o disposto nesta norma quanto ao conteúdo obrigatório do plano de revitalização, apenas se excluindo a hipótese de liquidação da massa insolvente, que não tem cabimento nesta situação. O plano de revitalização deve assim conter obrigatoriamente os seguintes elementos:

a) A descrição da situação patrimonial, financeira e reditícia do devedor;
b) A indicação sobre se os meios de satisfação dos credores serão obtidos através da recuperação do titular da empresa ou da transmissão da empresa a outra entidade;
c) No caso de se prever a manutenção em actividade da empresa, na titularidade do devedor ou de terceiro, e pagamentos aos credores à custa dos respectivos rendimentos, plano de investimentos, conta de exploração previsional e demonstração previsional de fluxos de caixa pelo período de ocorrência daqueles pagamentos, e balanço pró-forma, em que os elementos do activo e do passivo, tal como resultantes da homologação do plano de insolvência, são inscritos pelos respectivos valores;
d) O impacte expectável das alterações propostas, por comparação com a situação que se verificaria na ausência de qualquer plano de recuperação;
e) A indicação dos preceitos legais derrogados e do âmbito dessa derrogação.

No prazo de cinco dias subsequente a essa publicação, qualquer credor pode alegar nos autos o que tiver por conveniente quanto ao plano depositado pela empresa, designadamente circunstâncias susceptíveis de levar à sua não homologação, dispondo a empresa igualmente de cinco dias após o termo desse prazo para, querendo, alterar o plano em conformidade, e, nesse caso, depositar a nova versão (art. 17º-F, nº 2).

Findo esse prazo, é publicado no portal Citius anúncio advertindo da junção ou não junção de nova versão do plano, correndo desde essa publicação o prazo de votação de 10 dias, no decurso do qual qualquer interessado pode solicitar a não homologação do plano, nos termos e para os efeitos previstos nos artigos 215º e 216º, com as devidas adaptações (art. 17º-F, nº 3).

3.6. Conclusão do processo de revitalização

3.6.1. Conclusão do processo com aprovação do plano de revitalização

3.6.1.1. A aprovação do plano de revitalização

Os credores votam o plano de revitalização por escrito no prazo de dez dias[51], apenas podendo o voto consistir na sua aprovação ou rejeição, equivalendo a rejeição qualquer proposta de modificação do plano. Os votos são remetidos ao administrador judicial provisório, que os abre em conjunto com a empresa e elabora um documento com o resultado da votação, que remete de imediato para o tribunal (art. 17º-F, nº 6 e 211º). Ao contrário do que sucede para aprovação do plano de insolvência, não se exige neste caso a realização de uma assembleia de credores, sendo a discussão e votação realizadas apenas por escrito[52].

O plano considera-se aprovado desde que reúna uma das seguintes votações (art. 17º-E, nº 5):

a) Sendo votado por credores cujos créditos representem, pelo menos, um terço do total dos créditos relacionados com direito de voto, contidos na lista de créditos a que se referem os n.os 3 e 4 do artigo 17º-D, recolha o voto favorável de mais de dois terços da totalidade dos votos emitidos e mais de metade dos votos emitidos corresponda a créditos não subordinados, não se considerando como tal as abstenções; ou

[51] Decidiu o Ac. RC 17/9/2013 (Maria Domingas Simões), processo 285/12.0TBMLD.C1, que a forma escrita pelo art. 17º-F, nº 4, constitui condição de validade do voto, pelo que a consideração de voto comunicado verbalmente constitui violação não negligenciável de regras procedimentais.

[52] Neste sentido, cfr. Ac. RC 29/10/2013 (Albertina Pedrosa), processo 2329/12.6TBPBL-A.C1.

b) Recolha o voto favorável de credores cujos créditos representem mais de metade da totalidade dos créditos relacionados com direito de voto, calculados de harmonia com o disposto na alínea anterior, e mais de metade destes votos corresponda a créditos não subordinados, não se considerando como tal as abstenções.

A interpretação desta disposição tem suscitado alguma controvérsia, atendendo à contradição existente a parte inicial e a parte final da alínea *b)*, já que, ao se exigir o voto favorável de credores com créditos acima de metade do total dos créditos relacionados, não se vê como poderiam as abstenções influir neste cálculo. Em recurso de revista excepcional, o STJ esclareceu que, mesmo que a maioria dos votos emitidos seja favorável ao plano de reestruturação se, devido às abstenções, não for obtida uma maioria de metade dos créditos relacionados, o plano não se considera aprovado[53].

O juiz pode, no entanto, computar os créditos que tenham sido impugnados se considerar que existe probabilidade séria de os mesmos serem reconhecidos, caso a questão ainda não tenha sido decidida (art. 17º-F, nº 5, proémio). O juiz não tem consequentemente a possibilidade de considerar para a formação da maioria créditos, em relação aos quais tenha havido decisão transitada em julgado no sentido de que não poderiam ser reconhecidos[54].

Também se tem admitido que o administrador da insolvência atribua votos aos créditos sob condição suspensiva com base na probabilidade de verificação da condição, cabendo ao juiz avaliar a correcção dessa decisão[55].

3.6.1.2. Decisão do juiz sobre a homologação do plano de revitalização ou sua recusa

Verificando-se a aprovação unânime de um plano de recuperação em que intervenham todos os credores, este é de imediato remetido ao juiz, para homologação ou recusa da mesma, acompanhado da documentação que comprova a sua aprovação, atestada pelo administrador judicial provisório nomeado. Uma vez homologado o acordo, o mesmo produz de imediato os seus efeitos (art. 17º-F, nº 4).

[53] Cfr. Ac. STJ 5/6/2018 (Olinda Garcia), processo 2316/16.5T8CHV.G1.S2.

[54] Neste sentido, cfr. Ac. RC. 11/2/2014 (Emídio Santos), em *CJ* 39 (2014), 1, pp. 33-35.

[55] Neste sentido, Ac. RE 26/3/2015 (Cristina Cerdeira), processo 1128/13.2TBBJA.E1.

Já no caso de não ser obtido o acordo de todos os credores, mas o acordo tiver sido aprovado, o administrador judicial provisório deve remeter o plano de recuperação aprovado para o tribunal (art. 17º-F, nº 6). Nesse caso o juiz decide igualmente sobre a homologação ou recusa do acordo, aplicando-se o regime estabelecido para o plano de insolvência, constante do título IX do CIRE e, em especial, o disposto nos arts. 194º a 197º, nº 1 do art. 198º e arts. 200º a 202º, 215º e 216º (art. 17º-F, nº 7).

O juiz decide assim se deve ou não homologar o referido plano, podendo recusar a sua homologação oficiosamente (art. 215º) ou a requerimento de qualquer interessado (art. 216º), e devendo a decisão ser tomada nos 10 dias subsequentes à recepção da documentação.

A não homologação oficiosa deve ocorrer no caso de violação não negligenciável de regras procedimentais ou das normas aplicáveis ao seu conteúdo, qualquer que seja a sua natureza, e ainda quando, no prazo razoável que estabeleça, não se verifiquem as condições suspensivas do plano ou não sejam praticados os actos ou executadas as medidas que devam preceder a homologação (art. 215º). Neste caso, e conforme salientam NUNO SALAZAR CASANOVA e DAVID FERREIRA DINIS, invocando o art. 201º CPC, deve considerar-se que "determinada violação não será negligenciável quando *«possa influir no exame ou na decisão da causa»*, sendo certo que a decisão a tomar nesta matéria deverá ser sempre feita de forma casuística"[56]. Na jurisprudência considerou-se ocorrer violação não negligenciável das regras aplicáveis no caso de o administrador judicial provisório ter conduzido as negociações para elaboração do plano de revitalização apenas com um credor hipotecário, tendo depois remetido aos outros credores o plano aprovado, concedendo-lhes apenas um prazo de três dias para reagir[57]. Também se considerou existir violação não negligenciável de regras procedimentais no caso de consideração na votação de voto comunicado verbalmente[58].

Já relativamente à violação das regras aplicáveis ao conteúdo do plano de revitalização, uma das situações em que tal pode ocorrer corresponde à violação do princípio da igualdade dos credores, prevista no art. 194º. Na jurisprudência considerou-se ocorrer violação desse princípio se o plano

[56] Cfr. NUNO SALAZAR CASANOVA / DAVID FERREIRA DINIS, *PER*, p.

[57] Cfr. Ac. STJ 7/2/2017 (NUNO CAMEIRA), processo 5512/15.9T8CBR.C1.S1.

[58] Cfr. Ac. RC 17/9/2013 (MARIA DOMINGAS SIMÕES), processo 285/12.0TBMLD.C1.

de recuperação constituísse hipotecas sobre imóveis do devedor sobre parte dos créditos comuns, sem o consentimento dos credores preteridos[59]. Também se considerou ocorrer essa violação se o plano de recuperação prever que, caso uma determinada instituição bancária, ou outro credor comum, vier a financiar futuramente o devedor, o seu crédito de capital e juros, reclamado e o a constituir, será pago, constituindo ainda a devedora a favor do financiador hipoteca sobre bens imóveis desonerados, ficando graduado o credor financiador, pela totalidade dos seus dois créditos, à frente dos demais credores comuns, cujos créditos ficarão amputados em 75%, apenas podendo receber o remanescente ao fim de 15 anos[60]. Igualmente se considerou violar o princípio da igualdade de credores o plano de recuperação que salvaguardasse totalmente os direitos do credor hipotecário, determinando uma redução dos restantes créditos em 90%, com o pagamento dos restantes 10% em dez anos e sem juros[61]. Também se considerou violar esse princípio o plano de revitalização que, sem qualquer razão objectiva, tinha determinado que apenas um dos créditos fosse objecto de perdão em 50%, sendo ainda liquidado o restante em 120 prestações[62]. Também se considerou violar o princípio da igualdade dos credores a extinção, sem acordo do interessado, de garantias pessoais de um crédito prestadas por terceiros, estranhas ao devedor, uma vez que nesse caso o plano se encontra a desempenhar outras funções, que não as da revitalização da empresa[63]. Da mesma forma constituirá violação das regras aplicáveis ao conteúdo o facto de o plano de revitalização aprovado desrespeitar o disposto no art. 195º[64].

Mas já se considerou, pelo contrário, não violar o princípio da igualdade o estabelecimento de uma diferenciação de tratamento dos créditos tributários da Segurança Social e da Fazenda Nacional, atentas as finalidades de recuperação da empresa[65]. Também se considerou não violar o princípio da igualdade a atribuição de formas mais favoráveis de pagamento a um credor hipotecário que representa 75% da dívida da empresa, uma vez que sem a

[59] Cfr. Ac. RP 27/5/2014 (Francisco Matos), processo 2642/13.5TJVNF-A.P1

[60] Cfr. Ac. RC 3/11/2014 (Moreira do Carmo), processo 434/13.0TBCNT.C1

[61] Cfr. Ac. RP 9/12/2014 (Rui Moreira), processo 166/14.2TJPRT.P1

[62] Cfr. Ac. STJ 3/11/2015 (Salreta Pereira), processo 863/14.2T8BRR.L1.S1

[63] Cfr. Ac. RE 13/8/2013 (Canelas Brás), processo 983/12.8TBENT.E1.

[64] Cfr. Ac. STJ 25/11/2014 (Ana Paula Boularot), processo 414/13.6TYLSB.L1.S1

[65] Cfr. Ac. STJ 25/3/2014 (Fonseca Ramos), processo 6148/12.1TBBRG.G1.S1.

sua aprovação a empresa entraria em insolvência[66]. Tem-se efectivamente defendido que o art. 194º não proibe o estabelecimento de diferenciação entre os credores, atento o interesse de evitar a insolvência, mas apenas que essa diferenciação seja realizada com base numa justificação razoável segundo objectivos relevantes[67]. Nesse âmbito constitui um facto relevante de diferenciação, incluindo na mesma categoria de credores, o facto de os credores proporcionarem os meios financeiros necessários para o desenvolvimento da actividade da devedora, nos termos do art. 17º-H, nº 1[68].

Também parece ser fundamento da recusa de homologação do plano de revitalização, o facto de não se encontrarem preenchidos os seus pressupostos legais, designadamente por o devedor já se encontrar em situação de insolvência[69].

Uma das situações que pode naturalmente determinar a recusa da homologação pelo Tribunal reside na inclusão do plano de créditos tributários, atento o regime da sua indisponibilidade consagrado nos arts. 30º e 125º da LGT. Questionou-se, no entanto, se a consequência da violação dessas disposições é a nulidade do plano ou apenas a sua ineficácia em relação aos credores tributários. A jurisprudência tem-se mostrado dividida sobre nessa questão. No Ac. STJ 18/2/2014 (Fonseca Ramos) invocando que a interpretação dessas disposições teria que ser alterada após a Lei nº 16/2012, de 20 de Abril, defendeu-se convictamente que a violação da LGT teria apenas como consequência a ineficácia do plano em relação aos credores tributários[70]. Mas já no Ac. STJ 13/11/2014 (Salreta Pereira, vencido Fonseca Ramos), sustentou-se que, apesar da alteração ao CIRE pela Lei nº 16/2012, de 20 de Abril, a LGT consagra a indisponibilidade dos créditos tributários e a prevalência do seu regime sobre qualquer legislação especial, designadamente no âmbito dos processos de insolvência (arts. 30º, nºs 2 e 3, e 125º da LGT). O STJ considerou por

[66] Cfr. Ac. RL 25/3/2014 (Eurico Reis), processo 3175/13.5TBSXL.L1-1.

[67] Cfr. Ac. RL 5/7/2018 (Maria da Conceição Saavedra), processo 2915/17.8T8FNC.L1-1.

[68] Cfr. Ac. RL 29/5/2014 (Tomé Ramião), processo 723/13.4TYLSB.L1-6.

[69] Assim, nos Ac. STJ 3/11/2015 (José Rainho), processo 1690/14.2TJCBR.C1.S1 e 27/10/2016 (José Rainho), processo 741/16.0T8LRA-A.C1.S1, considerou-se que o juiz pode recusar a homologação do acordo de recuperação firmado no âmbito do PER quando os elementos factuais constantes do processo revelem inequivocamente que o devedor se encontra numa situação de insolvência actual.

[70] Cfr. Ac. STJ 18/2/2014 (Fonseca Ramos), processo 1786/12.5TBTNV.C2.S1

isso, nula a inclusão dessas cláusulas no plano de recuperação, podendo, no entanto, o plano manter-se sem essas cláusulas, ao abrigo do instituto da redução dos negócios jurídicos (art. 292º CC)[71]. Por força do art. 294º CC parece-nos preferível esta última solução, que tem vindo a merecer crescente adesão na jurisprudência[72].

Já a não homologação a pedido dos interessados ocorre se tal for solicitado, quer pelo devedor, caso este não seja o proponente e tiver manifestado nos autos a sua oposição, anteriormente à aprovação do plano de recuperação, quer por algum credor ou sócio, associado ou membro do devedor cuja oposição haja sido comunicada nos mesmos termos (art. 216º, nº 1, *in principio*). A jurisprudência tem entendido que a lei apenas estabelece para o devedor um prazo até à aprovação do plano de recuperação para requerer a não homologação, já não o prevendo para os restantes interessados, não se podendo retirar esse entendimento da expressão "nos mesmos termos". Por isso já se defendeu que os interessados podem requerer a não homologação até à prolação da sentença[73]. Parece-nos, no entanto, essa posição excessiva. Sendo manifesto que o prazo só se deve iniciar após a deliberação de aprovação do plano, julgamos ser de aplicar neste caso, e por força do art. 17º, o prazo geral de 10 dias previsto no art. 149º CPC.

Exige-se, no entanto, que o requerente demonstre em termos plausíveis, em alternativa, que: *a)* a sua situação ao abrigo do plano é previsivelmente menos favorável do que a que interviria na ausência de qualquer plano, designadamente face à situação resultante de acordo já celebrado em procedimento extrajudicial de regularização de dívidas; *b)* O plano proporciona a algum credor um valor económico superior ao montante nominal dos seus créditos sobre a insolvência, acrescido do valor das eventuais contribuições que ele deva prestar (art. 216º, nº 1).

No quadro desta disposição já se tem reconhecido atribuir a um credor uma situação pior do que aquela que lhe adviria sem qualquer plano, nos termos do art. 216º, nº 1, *a)* o facto de o plano determinar o pagamento na totalidade dos créditos da Segurança Social e da Autoridade Tributária,

[71] Ac. STJ 13/11/2014 (Salreta Pereira, vencido Fonseca Ramos), processo 3970/12.2TJVNF-A.P1.S1

[72] Cfr. Ac. RP 14/4/2015 (Vieira e Cunha), processo 1529/14.9TBPRD.P1, e Ac. RE 16/6/2016 (Sílvio Sousa), processo 2488/15.6T8STR.E1. Em sentido contrário, veja-se, porém, o Ac. STJ 10/5/2018 (Fonseca Ramos), processo 4986/16.5T8VIS.C1.S1.

[73] Cfr. Ac. STJ 22/11/2016 (Salreta Pereira), processo 785/15.0T8FND-B.C1.S1

mas apenas de 50%, e ainda com um período de carência de 24 meses, dos créditos dos trabalhadores, que beneficiam de um privilégio especial sobre o imóvel[74]. Também se considerou infringir esta disposição um plano de revitalização que determinasse o pagamento a um credor hipotecário em 504 prestações mensais quando a hipoteca lhe garante a possibilidade de receber imediatamente a totalidade da dívida[75]. Da mesma forma se considerou corresponder a esta situação um plano de revitalização que equiparasse a situação do credor hipotecário e do credor que invocasse um direito de retenção sobre o mesmo imóvel, uma vez que no primeiro caso o credor tem uma garantia constituída, enquanto que no segundo caso a mesma tem que ser demonstrada em acção judicial[76].

A jurisprudência tem, no entanto, considerado igualmente aplicável ao processo de revitalização, por força do art. 17º-F, nº 7, o regime do art. 194º CIRE, podendo assim o plano estabelecer diferenciações entre os credores, fundadas em razões objectivas, designadamente no objectivo de obter a revitalização do devedor[77]. Uma das razões objectivas que pode justificar essa diferenciação é o facto de a empresa não aparecer como devedor principal, mas antes como fiadora ou avalista de outros devedores[78]. Mas já se considerou não ser razão objectiva para a diferenciação entre credores o facto de o plano pretender beneficiar as entidades financeiras, apenas pelo facto de o devedor poder vir a necessitar de futuro financiamento das mesmas, sem qualquer compromisso destas relativo a esse financiamento[79].

Caso o juiz não homologue o acordo, aplica-se o disposto nos nºs 2 a 4,6 e 7 do art. 17º-G (art. 17º-F, nº 8), sendo assim a não homologação do plano de recuperação pelo juiz equiparada, quanto aos seus efeitos, à não aprovação pelos credores desse mesmo plano. Daí resulta que a empresa fica impedida de apresentar novo processo de revitalização durante dois

[74] Cfr. Ac. RG de 17/12/2013 (Paulo Duarte Barreto), processo 774/13.9.TBGMR.G1

[75] Cfr. Ac. STJ 22/11/2016 (Salreta Pereira), processo 785/15.0T8FND-B.C1.S1

[76] Cfr. Ac. STJ 14/12/2016 (Fonseca Ramos), processo 1515/14.9TBFUN-B.L1.S1.

[77] Neste sentido, cfr. Ac. RE. 23/2/2016 (Mário Braz), processo 5652/15.4, em *CJ* 41 (2016), 1, pp. 231-233.

[78] Neste sentido, cfr. Ac. RG 13/10/2016 (Alexandra Rolim Mendes), processo 4547/15.6T8VNF.G1, e Ac. RE. 26/1/2017 (Mata Ribeiro), processo 630/15.6T8OLH.E1, em *CJ* 42 (2017), 1, pp. 223-226

[79] Cfr. Ac. STJ 24/11/2015 (José Rainho), processo 212/14.0TBACN.E1.S1

anos[80]. Da decisão do juiz de não homologação pode, porém, ser interposto recurso[81]. No caso de o parecer do administrador ser no sentido de que a empresa se encontra em situação de insolvência, esse recurso suspende a liquidação e partilha do activo, sem prejuízo da eventual necessidade de venda imediata dos bens susceptíveis de deterioração ou deterioração (arts. 17º-G, nº 9, 40º, nº 3, e 158º, nº 2). Também pode ser interposto recurso da sentença que homologa o acordo, mas nesse caso tem-se exigido que o credor tenha requerido a não homologação, por se considerar que essa questão não pode ser levantada pela primeira vez em sede de recurso[82].

Nos termos do art. 17º-F, nº 10, a decisão do juiz vincula a empresa e os credores, mesmo que não hajam reclamado os seus créditos ou participado nas negociações. Efectivamente, não faria sentido estabelecer-se no art. 17º-D, nº 2, o ónus de os credores reclamarem os créditos e depois admitir-se que a ausência dessa reclamação de participação nas negociações os exonerasse de cumprir o disposto no plano de recuperação, o que redundaria num benefício injustificado para os credores. Dessa vinculação ficam, no entanto, naturalmente excluídos os credores cujos créditos ainda não se tinham constituído à data do despacho de nomeação do administrador judicial provisório, uma vez que esses credores não podiam naturalmente proceder à reclamação dos seus créditos nesse processo.

No entanto, uma vez que o PER não se destina à resolução dos litígios sobre os créditos, a lista definitiva, bem como a decisão sobre a reclamação de créditos não constituem caso julgado fora do PER, nem a sentença homologatória do PER tem valor de título executivo, não lhe sendo aplicável o regime estabelecido no art. 233º, nº 1, *c)*[83].

A aprovação e homologação do plano pelo juiz tem como efeito a extinção das acções para cobrança de dívidas, salvo quando o plano preveja a sua continuação (art. 17º-E, nº 1). Tem sido, no entanto, defendido na doutrina

[80] Cfr. Ac. STJ 6/11/2018 (Pinto de Almeida), processo 312/18.7T8STRE.E1.S1

[81] A jurisprudência tem considerado aplicável a este recurso o regime especial de recursos constante do art. 14º CIRE, apesar de essa disposição não fazer referência ao processo especial de revitalização. Neste sentido, cfr. Ac. STJ 14/4/2015 (Ana Paula Boularot), processo 1566/13.0TBABF.E1.S1. e Ac. STJ 5/6/2018 (Olinda Garcia), processo 2316/16.5T8CHV.G1.S2.

[82] Neste sentido, cfr. Cfr. Ac. RL 5/7/2018 (Maria da Conceição Saavedra), processo 2915/17.8T8FNC.L1-1.

[83] Neste sentido, Ac. STJ 9/4/2019 (Pinto De Almeida), processo 154/17.7T8ALD.C1.S2.

e na jurisprudência que esta norma deve ser objecto de redução teleológica em ordem a não abranger as acções relativas a créditos litigiosos, que não tenham sido objecto de reclamação e regulação no plano[84].

A decisão do juiz é depois notificada, publicitada e registada pela secretaria do tribunal, que emite nota com as custas do processo de homologação (art. 17º-F, nº 10), as quais são suportadas pela empresa (art. 17º-F, nº 11).

Salvo disposição expressa do plano de recuperação em sentido diverso, a moratória ou o perdão previstos no plano ficam sem efeito: *a)* quanto a crédito relativamente ao qual o devedor se constitua em mora, se a prestação, acrescida dos juros moratórios, não for cumprida no prazo de 15 dias após interpelação escrita pelo credor; *b)* quanto a todos os créditos se, antes de finda a execução do plano, o devedor for declarado em situação de insolvência em novo processo (arts. 17º-F, nº 12 e 218º, nº 1).

A partir da data em que o juiz homologa o plano de recuperação, a empresa fica impedida de recorrer novamente ao processo especial de revitalização por um período de dois anos, salvo se demonstrar, no respetivo requerimento inicial, que executou integralmente o plano ou que o requerimento de novo processo especial de revitalização é motivado por factores alheios ao próprio plano e a alteração superveniente é alheia à empresa (art. 17º-F, nº 13).

3.6.2. Conclusão do processo sem aprovação do plano de recuperação

3.6.2.1. Generalidades

Caso a empresa ou a maioria dos credores acima referida concluam antecipadamente não ser possível alcançar acordo, ou caso tenha sido ultrapassado o prazo previsto no nº 5 do art. 17º-D, as negociações são encerradas, comunicando o administrador judicial provisório tal facto ao processo e procedendo à sua publicação no Citius (art. 17º-G, nº 1). Conforme acima se referiu, dado que o prazo previsto no art. 17º-D, nº 5, tem carácter peremptório, é irrelevante a obtenção de acordo posteriormente ao decurso deste, devendo o juiz recusar a sua homologação nesse caso.

[84] Neste sentido, na doutrina, cfr. ARTUR DIONÍSIO OLIVEIRA em CATARINA SERRA (org.), *III Congresso de Direito da Insolvência*, pp. 123 e ss. e CATARINA SERRA, *Lições de Direito da Insolvência*, Coimbra, Almedina, 2018, pp. 390-391, e 458-459. Na jurisprudência, vejam-se os Ac. STJ 18/9/2018 (JOSÉ RAINHO), processo 190/13.2TBVNC.G1.S1, e Ac. STJ 27/11/2019 (JOSÉ RAINHO), processo 3266/17.3T8BRG.E1.S1.

A empresa pode ainda pôr termo ao processo a todo o tempo, independentemente de qualquer causa, por carta registada enviada ao administrador judicial provisório, a todos os seus credores, e ao tribunal (art. 17º-G, nº 5).

Os efeitos do encerramento sem aprovação do plano variam consoante o devedor se encontre ou não em situação de insolvência, sendo a questão objecto de parecer do administrador judicial provisório, mediante a informação de que disponha, após audição do devedor e dos seus credores (art. 17º-G, nº 4).

Examinemos sucessivamente estas duas situações.

3.6.2.2. Conclusão do processo quando o devedor não se encontra em situação de insolvência

Se o devedor não se encontrar em situação de insolvência, o fim do processo especial de revitalização acarreta a extinção de todos os seus efeitos (art. 17º-G, nº 2), voltando o devedor a poder praticar actos de especial relevo e cessando a suspensão de acções judiciais contra ele. O devedor perde, porém, a possibilidade de voltar a recorrer ao processo especial de revitalização por um período de dois anos (art. 17º-G, nº 6)[85], solução que igualmente se aplica caso o processo especial de revitalização tenha terminado por desistência da instância[86].

3.6.2.3. Conclusão do processo quando o devedor se encontra em situação de insolvência

Se o devedor se encontrar em situação de insolvência, a mesma deve ser requerida pelo administrador judicial provisório, com base no parecer por ele elaborado, sendo a mesma imediatamente decretada pelo tribunal no prazo de três dias úteis a contar da recepção dessa comunicação (art. 17º-G, nº 3) A lei não prevê aqui a existência de qualquer audição das partes[87],

[85] Apesar de textualmente esta disposição apenas se referir à não aprovação do plano, entendem NUNO CASANOVA / DAVID DINIS, *PER*, p. 169, que por interpretação extensiva a mesma deve igualmente aplicar-se aos casos em que o plano é aprovado mas a sua homologação é rejeitada pelo tribunal. Em sentido contrário, defendendo que esse prazo não se aplica a esta situação, cfr. Ac. RE 14/9/2017 (TOMÉ DE CARVALHO), processo 279/16.6T8OLH.E1.

[86] Neste sentido, cfr. Ac. RL 26/2/2015 (ANABELA CALAFATE), prcoesso 1807/14.7TYLSB-A. L1-6.

[87] Conforme refere JOÃO AVEIRO PEREIRA, *O Direito* 145 (2013), I-II, p. 46, nota (53) que "o juiz só tem de decretar ou não a insolvência, sem audição das partes, pois estas já foram

o que tem suscitado na doutrina e na jurisprudência a dúvida sobre se essa situação não será inconstitucional em virtude de se prever que uma consequência tão grave para o devedor seja declarada sem audiência do mesmo[88]. A nosso ver não se pode, no entanto, considerar haver inconstitucionalidade, dado que a empresa, ao iniciar um processo de revitalização assume pelo menos a existência de situação económica difícil ou de insolvência meramente iminente, e que um decurso possível desse processo é a conclusão que o mesmo afinal se encontra insolvente. Não vemos por isso razão constitucional que obste à equiparação dessa situação com a de apresentação à insolvência pelo devedor, efectuada pelo art. 17º-G, nº 4, com a consequência prevista no art. 28º, sendo que a sentença declaratória de insolvência pode ainda ser impugnada nos termos dos arts. 40º e ss.

Suscitou-se ainda na doutrina e na jurisprudência a dúvida sobre se a insolvência é declarada no próprio processo de revitalização ou se terá que ocorrer uma nova distribuição como processo de insolvência, após o requerimento do administrador judicial provisório. A dúvida justifica-se, dado que enquanto o art. 17º-G, nº 3 estabelece que o encerramento do processo acarreta a insolvência do devedor, a qual deve ser declarada pelo juiz no prazo de três dias úteis, contados da recepção pelo tribunal da comunicação, o art. 17º-G, nº 4 determina que a insolvência é requerida pelo administrador judicial provisório, aplicando-se o disposto no art. 28º com as necessárias adaptações, e sendo o processo de revitalização apenso ao processo de insolvência.

Fátima Reis Silva explica essa contradição, referindo que "entre o nº 3 e o nº 4 ocorreu um lapso derivado da alteração sofrida por este preceito entre o primeiro projeto e a presente redação. No primeiro projeto o próprio PER convertia-se em processo de insolvência – e o atual nº 3

ouvidas pelo administrador judicial provisório, não lhes sendo dado aqui oporem-se à decisão, sem prejuízo de poderem impugnar a sentença, nos termos do artigo 40º e seguintes".

[88] Alexandre Soveral Martins, *Um curso*, p. 494, considera efectivamente inconstitucional por violação do art. 20º da Constituição o facto de não se admitir a possibilidade de o devedor se opor ao parecer do administrador judicial provisório. Esta questão já foi colocada ao Tribunal Constitucional, mas este no Ac. do Tribunal Constitucional 242/2014 (Ana Martins), de 8 de Março de 2014, considerou que a interpretação ab-rogante que o tribunal tinha feito da remissão do art. 17º-G, nº 4, para o art. 28º CIRE, não constitui recusa de aplicação de uma norma com fundamento em inconstitucionalidade, pelo que não tomou conhecimento do recurso. No sentido da inconstitucionalidade da não audição do devedor nesta fase, cfr. Ac. STJ 17/11/2015 (José Rainho), processo 801/14.2TBPBL-C.C1.S1.

reflete essa opção. Mas entretanto foi alterado o nº 4 (que antes apenas previa que o administrador aferia a insolvência) e passou a prever-se que o administrador judicial requer a declaração de insolvência, aplicando-se o artº 28º do CIRE com as devidas adaptações (insolvência por iniciativa do devedor), e sendo o processo especial de revitalização apenso ao processo de insolvência"[89]. A Autora sustenta por isso que "o requerimento do administrador do qual resulte estar a devedora em situação de insolvência, nos tribunais onde haja mais de um juízo, deve ser remetido à distribuição acompanhado do PER apensado"[90].

A jurisprudência inicialmente considerou que, quando no PER fosse apresentado pelo administrador judicial provisório parecer no sentido de ser decretada a insolvência do devedor, a mesma seria imediatamente decretada pelo juiz no próprio PER, que se converteria em processo de insolvência, ficando os autos iniciais apensos a este[91]. Essa posição foi sendo, no entanto, paulatinamente alterada, prevalecendo actualmente o entendimento de que o requerimento do administrador judicial provisório pressupõe o encerramento do PER, pelo que deve ser remetido à distribuição como processo de insolvência, ao qual é então apensado o PER[92]. Parece de facto ser esta a melhor solução.

No caso de já ter havido interposição anterior de um processo de insolvência, tem sido decidido na jurisprudência não haver lugar à aplicação do nº 3 do art. 17º-G, sendo antes comunicada ao processo de insolvência o encerramento do PER para efeitos de o processo de insolvência retomar a sua tramitação normal, sendo nesse processo que deve ser declarada a insolvência do devedor[93].

Havendo lista definitiva de créditos reclamados, o prazo de reclamação de créditos previsto na alínea *j)* do nº 1 do art. 36º destina-se apenas à reclamação dos créditos ainda não reclamados nos termos do nº 2 do art. 17º-D (art. 17º-G, nº 7).

[89] Cfr. Fátima Reis Silva, *Processo*, p. 72.

[90] Cfr. Fátima Reis Silva, *Processo*, p. 73.

[91] Cfr. Ac. RC 3/12/2013 (Albertina Pedroso), processo 6070/12.1TBLRA-A.C1

[92] Neste sentido cfr. Ac. RL 15/5/2014 (Tibério Silva), processo 614/13.9TBPNI-B.L1-2, Ac. RP 25/11/2014 (Rui Moreira), processo 1520/14.5TBSTS-A.P1.

[93] Cfr. Ac. RC 24/9/2013 (José Avelino Gonçalves), processo 995/12.1TBVNO-C.C1, Ac. RE 16/1/2014 (Francisco Xavier), processo 988/13.1TBPTM-A.E1, Ac. STJ 8/9/2015 (João Camilo), processo 5649/12.6TBLRA-N.C1.S1 e Ac. STJ 17/11/2015 (Júlio Gomes), processo 1250/14.8T8AVR-A.P1.S1.

3.7. O caso especial de homologação de acordos extrajudiciais de recuperação do devedor

O processo de revitalização pode ser consideravelmente simplificado, caso o devedor consiga que a maioria dos credores prevista no art. 17º-F, nº 5, assine um acordo extrajudicial de recuperação. Neste caso, o processo de revitalização inicia-se pela apresentação pelo devedor do acordo assinado juntamente com a documentação a que se refere o nº 2 do art. 17º-A e o nº 1 do art. 24º (art. 17º-I, nº 1). Com essa apresentação, a empresa pode igualmente requerer a apensação de processo especial de revitalização, nos termos do nº 6 do art. 17º-C, quando este, encontrando-se igualmente na fase liminar, tenha sido instaurado ao abrigo deste artigo (art. 17º-I, nº 7).

Nestes casos, logo que receba os documentos o juiz procede à nomeação do administrador judicial provisório, cabendo à secretaria publicar no Citius a lista provisória dos créditos e notificar os credores constantes dessa lista, que não tiveram intervenção no acordo (art. 17º-I, nº 2). Verificam-se igualmente neste caso, por remissão do art. 17º-I, nº 6, os efeitos correspondente à nomeação do administrador judicial provisório, nomeadamente a suspensão das acções de cobrança de dívida contra a empresa (art. 17º-E, nº 1), a necessidade de autorização do administrador judicial provisório para a prática de actos de especial relevo (art. 17º-E, nºs 2 a 5), a suspensão dos processos de insolvência (art. 17º-E, nº 6), a suspensão dos prazos de prescrição e caducidade (art. 17º-E, nº 7) e a proibição da suspensão dos serviços públicos essenciais (art. 17ºE, nºs 8 e 9).

Os credores não intervenientes dispõem então do prazo de 20 dias para reclamar os seus créditos, devendo as reclamações ser remetidas ao administrador judicial provisório que, no prazo de 5 dias, elabora uma lista provisória dos créditos. Essa lista é imediatamente apresentada na secretaria do tribunal e publicada no portal citius, podendo ser impugnada no prazo de cinco dias úteis e dispondo, em seguida, o juiz de idêntico prazo para decidir sobre as impugnações formuladas, convertendo-se a lista de créditos em definitiva se não houver reclamações (arts. 17º-I, nº 3, e 17º-D, nºs 2 e 4).

Conforme resulta do art. 17º-I, nº 4, o juiz procede então, no prazo de 10 dias, à análise do acordo extrajudicial devendo homologá-lo se respeitar a maioria prevista no nº 5 do art. 17º-F, a menos que se verifiquem casos de não homologação oficiosa (art. 215º) ou a requerimento dos interessados (art. 216º). São aplicáveis nestre caso, com as necessárias adaptações, as disposições dos arts. 17º-F, nºs 7 a 13 e, por via da primeira dessas normas, também as regras previstas no título IX, em especial o disposto nos artigos 194º a 197º, no nº 1 do artigo 198º e nos artigos 200º a 202º, 215º e 216º (art- 17º-I, nº 6).

Em caso de homologação, a decisão vincula a empresa e os credores, mesmo que não hajam reclamado os seus créditos ou participado nas negociações, relativamente aos créditos constituídos à data em que foi proferido o despacho de nomeação do administrador judicial provisório, e é notificada, publicitada e registada pela secretaria do tribunal (art. 17º-F, nº 10 e 17º-I, nº 6). Salvo disposição expressa do plano de recuperação em sentido diverso, verifica-se igualmente a perda de eficácia da moratória ou do perdão previstos no plano quanto a crédito relativamente ao qual o devedor se constitua em mora, se a prestação, acrescida dos juros moratórios, não for cumprida no prazo de 15 dias após interpelação escrita pelo credor e quanto a todos os créditos se, antes de finda a execução do plano, o devedor for declarado em situação de insolvência em novo processo (arts. 17º-I, nº 6, 17º-F, nº 12, e 218º, nº 1).

Caso o juiz não homologue o acordo, cessam os efeitos do processo, podendo o devedor ser declarado em situação de insolvência, se for o caso (arts. 17º-I, nº 6, 17º-F, nº , 8 e 17º-G, nºs 2 a 4 e 7). É admissível, no entanto, o recurso da decisão de não homologação (art. 17º-I, nº 6 e 17º-F, nº 9).

3.8. Efeitos do plano de revitalização

Com a homologação do plano de revitalização, o mesmo produz naturalmente os seus efeitos, vinculando os credores e a empresa nos termos dele constantes. Estranhamente, no entanto, o art. 17º-F, nºs 7 e 12, não efectua qualquer remissão para o art. 217º, referente aos efeitos do plano de insolvência, apesar de mandar aplicar quer os arts. 215º e 216º, relativo à não homologação desse plano, bem como o art. 218º relativo ao seu incumprimento.

Por esse motivo surgiu na doutrina a controvérsia sobre se deveria ser aplicado ao processo especial de revitalização, a norma do art. 217º, nº 4, que dispõe que a alteração dos créditos sobre a insolvência em virtude do plano não prejudica os direitos dos credores da insolvência contra os condevedores ou os terceiros garantes da obrigação, mas estes sujeitos apenas poderão agir contra o devedor em via de regresso, nos termos em que os credores da insolvência pudessem exercer contra ele os seus direitos.

A dúvida coloca-se assim em saber se o credor que é objecto de moratória ou de redução de crédito no âmbito de um plano de recuperação continua livre para demandar os garantes nos termos do crédito originalmente constituído.

Uma resposta em princípio negativa foi dada por CATARINA SERRA. Embora a autora considere que o art. 217º, nº 4, é aplicável por analogia ao processo especial de revitalização, entende que "ficam fora do alcance da norma os casos em que sobre o crédito incidam providências com efeitos menos drásticos, como o condicionamento do reembolso, a modificação do prazo de vencimento ou a moratória"[94]. Considera por isso que relativamente a garantias, como a fiança ou o aval, fica o credor impedido de agir contra os garantes se tiver convencionado com o devedor alguma dessas providências. Apenas no caso da garantia autónoma considera que as modificações convencionadas no crédito garantido não afectam a obrigação do garante[95].

A posição maioritária na doutrina considera, no entanto, que o art. 217º, nº 4, é integralmente aplicável ao processo de revitalização e que em consequência nada impede os credores de continuar a agir contra os garantes, mesmo que tenham visto os seus créditos pelo plano de recuperação. Neste sentido pronunciaram-se NUNO SALAZAR CASANOVA e DAVID SEQUEIRA DINIS e MARIA DO ROSÁRIO EPIFÂNIO. O argumento dos primeiros autores é o de que a remissão se pode considerar resultante da referência genérica ao título IX do CIRE no art. 17º-F, nº 7, salientando a segunda autora não haver razão para distinguir as soluções no processo de insolvência e no PER, sendo que nenhum credor votaria favoravelmente a recuperação do devedor se por essa via pudesse ver as suas garantias afectadas[96]. Aderiu posteriormente também a esta solução RUI PINTO[97].

A jurisprudência tem-se inclinado igualmente no sentido desta última solução[98].

[94] Cfr. CATARINA SERRA, *O processo*, pp. 118-119.

[95] Cfr. CATARINA SERRA, *O processo*, pp. 121-122.

[96] Cfr. NUNO SALAZAR CASANOVA / DAVID SEQUEIRA DINIS, *PER*, pp. 151-152, e nota (45) e ROSÁRIO EPIFÂNIO, *O processo*, pp. 83-84.

[97] Cfr. RUI PINTO, *Estudos Pamplona Corte-Real*, pp. 880 e ss.

[98] Neste sentido, cfr. Ac. RL 12/7/2018 (ANTÓNIO VALENTE), processo 28982/15.0T8SNT-A.L1-8 e Ac. RL 12/7/2018 (ANTÓNIO SANTOS), processo 1903/14.0YYLSB-C.L1-6. e Ac. STJ 4/5/2017 (OLINDO GERALDES), processo 206/14.5T2STC-A.E1.S1.S1.

3.9. Subsistência dos negócios e garantias acordados, mesmo que se verifique a insolvência do devedor

Conforme acima se salientou, os negócios celebrados no âmbito do processo de revitalização são insusceptíveis de resolução em benefício da massa insolvente (art. 120º, nº 6), pelo que subsistirão, mesmo que a insolvência venha a ser decretada no prazo de dois anos.

Para além disso, as garantias convencionadas entre a empresa e os seus credores durante o processo especial de revitalização, com a finalidade de proprocionar àquela os necessários meios financeiros para o desenvolvimento da sua actividade, mantêm-se mesmo que, findo o processo, venha a ser declarada, no prazo de dois anos, a insolvência do devedor (art. 17º-H, nº 1). Aliás, independentemente da estipulação de quaisquer garantias, a lei atribui aos credores que, no decurso do processo, financiem a actividade do devedor, disponibilizando-lhe capital para a sua revitalização, um privilégio creditório geral, graduado antes do privilégio creditório dos trabalhadores (art. 17º-H, nº 2).

Constitui este uma regime especial de protecção do *fresh money*, destinado a estimular a concessão de novos financiamentos com garantias por parte dos credores, em ordem a permitir a recuperação da empresa, sendo-lhes concedida essa protecção em virtude dos elevados riscos que envolve um financiamento nessas condições[99]. Tem-se, porém, questionado se este regime abrange a situação dos suprimentos efectuados pelos sócios à sociedade. Face à sua qualificação como créditos subordinados, nos termos do art. 48º *h)*, não nos parece que possam ser abrangidos por este regime[100].

3.10. Incumprimento do plano de revitalização

O art. 17º-F, nº 12, dispõe que é aplicável ao plano de recuperação o disposto no nº 1 do art. 218º, o que implica que, salvo disposição expressa do plano de recuperação em sentido contrário, a moratória ou o perdão nele previstos no plano ficam sem efeito, quanto a crédito relativamente ao qual o devedor se constitua em mora, se a prestação, acrescida dos juros moratórios, não for cumprida no prazo de 15 dias após interpelação escrita pelo credor. Nesse caso, no entanto, não há lugar à conversão do processo

[99] Cfr. Diana Trindade, em Rosário Epifânio, *Estudos*, pp. 96-97.

[100] Neste sentido, cfr. Pestana de Vasconcelos, *Recuperação*, pp. 103 e ss. Em sentido contrário, veja-se Diana Trindade, em Rosário Epifânio, *Estudos*, pp. 99-100.

de revitalização em processo de insolvência, cabendo ao credor requerer a insolvência da empresa, com fundamento no facto-índice previsto no art. 20º, nº 1, *b)*[101].

3.11. Articulação com outros processos

Apesar das "ligações perigosas" existentes entre o PER e o processo de insolvência, e a verificação de inúmeras situações em que o PER é abusivamente utilizado em ordem a permitir às empresas fugir ao processo de insolvência[102], a verdade é que a delimitação dos dois processos encontra-se perfeitamente estabelecida. O PER é um processo pré-insolvencial pelo que não pode ser utilizado por devedores que já se encontrem em situação de insolvência actual, apenas podendo ser utilizado pelos devedores que se encontrem em situação económica difícil ou em situação de insolvência iminente (art. 17º-A, nº 1). Daqui resulta que a empresa não tem normalmente a alternativa entre apresentar-se à insolvência ou recorrer ao PER, não podendo, por isso, este ser considerado como um meio alternativo à insolvência. Apenas no caso de a insolvência ser meramente iminente, uma vez que o art. 3º, nº 4, permite nessa situação a apresentação do devedor à insolvência, é que a empresa terá a alternativa entre apresentar-se à insolvência ou solicitar um PER.

No entanto, o facto de estar pendente um processo de insolvência não impede a empresa de recorrer ao PER, desde que a insolvência ainda não tenha sido declarada e esta obtenha a competente certificação de que não se encontra em situação de insolvência (art. 17º-A, nº 2), prevendo a lei que nesse caso o recurso ao PER suspende o processo de insolvência (art. 17º-E, nº 6). Entendemos, porém, que o devedor não deve poder recorrer ao PER, mesmo que a insolvência ainda não tenha sido declarada, nos casos em que tenha sido ele a apresentar-se à insolvência, o que implica que a mesma seja reconhecida, nos termos do art. 18º, ou não tenha deduzido oposição a esse pedido, com os efeitos previstos no art. 30º, nº 5[103].

Salvo disposição expressa do plano de recuperação em sentido diverso, se, após a homologação do PER, vier a ser declarada a insolvência do deve-

[101] Cfr. Ac. RG 9/3/2017 (Maria da Conceição Carvalho), processo 3038/14.7T8GMR-A.G1.

[102] Cfr. Catarina Serra, em ID (org.), *I Congresso de Direito da Insolvência*, p. 88.

[103] Considerando que os processos de insolvência não se suspendem nessas duas situações, ao abrigo do art. 17º-E, nº 6, cfr. Carvalho Fernandes / João Labareda, *Código*, sub art. 17º-E, nº 6, p. 162.

dor em novo processo, antes de finda a execução do plano, a moratória ou o perdão nele previstos ficam sem efeito (art. 218º, nº 1, *b)*, *ex vi* do art. 17º-F, nº 12).

Também o facto de a empresa ter solicitado negociações ao abrigo do RERE não o impede posteriormente de recorrer ao PER, devendo, porém, nesse caso solicitar o encerramento das negociações no RERE (art. 9º, nº 2 da Lei 8/2018), em ordem a evitar que decorram os dois em simultâneo. Para além disso, a lei prevê que "se o acordo de reestruturação for subscrito por credores que representem as maiorias previstas no nº 1 do artigo 17º-I do CIRE, ou a ele vierem posteriormente a aderir os credores suficientes para perfazer aquela maioria, pode o devedor iniciar um PER com vista à homologação judicial do acordo de reestruturação, devendo nesse caso acautelar que este cumpre o previsto no nº 4 do artigo 17º-I do CIRE" (art. 29º da Lei 8/2018).

4
O processo especial para acordo de pagamento

4.1. Generalidades

Tendo decidido restringir a aplicação do processo especial de revitalização para os casos de empresas, o legislador decidiu criar outro processo destinado a abranger as pessoas singulares não titulares de empresas, o processo especial para acordo de pagamento (PEAP). Foram assim aditados os arts. 222º-A a 222º-J ao CIRE, sem sequer ter sido alterada a sistematização do Código, o que leva a que estes artigos se situem no capítulo relativo à execução do plano de insolvência e seus efeitos, com o qual nada têm a ver. Na verdade, o PEAP constitui, à semelhança do PER, um meio preventivo da insolvência, não se vendo por isso qualquer razão para que o mesmo surja no Código no quadro do plano de insolvência, que constitui um meio de recuperação posterior à declaração de insolvência.

É difícil, aliás, entender a justificação para a autonomização do PEAP, atendendo ao facto de o mesmo pouco se distinguir do PER. Efectivamente, o art. 222º-A, nº 1, CIRE, estabelece que a função do PEAP é "permitir ao devedor que, não sendo uma empresa e comprovadamente se encontre em situação económica difícil ou em situação de insolvência meramente iminente, estabelecer negociações com os respectivos credores de modo a concluir com estes acordo de pagamento", o que é semelhante ao que o art. 17º-A, nº 1, estabelece para o PER. O PEAP também tem carácter urgente, nos termos do art. 222º-A, nº 3, à semelhança do que o art. 17º-A, nº 3, estabelece para o PER. Pareceria, por isso, melhor o legislador ter aplicado igualmente o PER às pessoas singulares não titulares de empresa, em conformidade com o que sempre defendemos, estabelecendo eventualmente algumas especialidades nessa aplicação. A multiplicação de regimes iguais, ainda mais com localização deficiente, é sempre um factor de desnecessária complexidade legislativa.

4.2. Pressupostos legais

Diferentemente do que sucede com o PER, ao qual apenas podem recorrer as empresas, independentemente de serem pessoas singulares ou colectivas (art. 17º-A, nº 2, CIRE, o PEAP é restrito aos devedores não empresários, pelo que apenas estes têm acesso a este processo (art. 222º-A, nº 1). A lei pretende assim efectuar uma separação de regimes relativamente aos processos de recuperação na fase da pré-insolvência entre os devedores empresários e não empresários, reservando para os primeiros o PER e ficando os segundos sujeitos ao PEAP.

O art. 222º-A, nº 1, refere que o PEAP pode ser usado pelo devedor que se encontre em situação económica difícil (art. 222º-B) ou em situação de insolvência meramente iminente (art. 3º, nº 4), não se exigindo no PEAP, ao contrário do que o art. 17º-A, nº 1, refere para o PER que o devedor ainda seja susceptível de recuperação. Tirando essa referência, os pressupostos do PEAP da situação económica difícil e de insolvência meramente iminente são absolutamente idênticos aos do PER, sendo estranhamente repetida no art. 222º-B a definição prevista no art. 17º-B, apenas se substituindo "empresa" por "devedor". Também à semelhança do que sucede no PER, os conceitos de situação económica difícil e de insolvência meramente iminente são bastante próximos entre si. O art. 222º-B define a situação económica difícil como a situação do "devedor que enfrentar dificuldade séria para cumprir pontualmente as suas obrigações, designadamente por ter falta de liquidez ou por não conseguir obter crédito". Por sua vez resulta do art. 3º, nº 4 que a insolvência meramente iminente corresponde a iminência de o devedor se encontrar em impossibilidade de cumprimento de obrigações vencidas (cfr. art. 3º, nº 1), ou no caso das pessoas colectivas e patrimónios autónomos de responsabilidade limitada, quando o seu passivo esteja na iminência de se tornar manifestamente superior ao activo, de acordo com as regras contabilísticas aplicáveis (cfr. art. 3º, nº 2). E difícil, por isso, efectuar uma delimitação precisa entre os dois conceitos, parecendo que as duas situações podem facilmente ser agregadas num conceito de pré-insolvência, em que o devedor manifestamente se encontra em vias de atingir a situação de insolvência efectiva, se não forem atempadamente tomadas providências de recuperação. No entanto, uma vez que a susceptibilidade de recuperação é uma exigência estranha ao PEAP, a ideia parece ser apenas a obtenção de um acordo de pagamento que evite a queda do devedor numa situação de insolvência.

À semelhança do que sucede no PER (art. 17º-A, nº 2), prevê-se igualmente no PEAP a entrega pelo devedor de uma declaração escrita e assinada que ateste que preenche os requisitos legais para esse acesso, ou seja de que se encontra em situação económica difícil ou insolvência meramente iminente (art. 222º-A, nº 2). Neste caso, no entanto, já não se estabelece a necessidade de que seja atestado que o devedor não se encontra em situação de insolvência efectiva, o que pode ser igualmente explicado por a susceptibilidade de recuperação ser uma exigência estranha ao PEAP.

4.3. Tramitação processual

4.3.1. Requerimento de início do processo

O processo especial para acordo de pagamento inicia-se desde que o devedor obtenha, por meio de declaração escrita, o acordo com pelo menos um dos seus credores para encetaram negociações conducentes à elaboração de um acordo de pagamento (art. 222º-C, nº 1). Ao contrário do que sucede no PER (art. 17º-C, nº 1), não se exige no PEAP a obtenção de um limite mínimo de credores correspondente a 10% de créditos não subordinados, bastando um único credor, que tanto pode ser garantido ou privilegiado, como comum e até subordinado.

Para efeitos de início do processo, o devedor e o credor ou credores deverão assinar uma declaração datada (art. 222º-C, nº 2), com base na qual o devedor comunicará ao tribunal competente para declarar a sua insolvência que pretende dar início às negociações conducentes à sua recuperação, juntando ao mesmo tempo uma relação de todos os seus credores e lista de todas as acções de cobrança de dívida contra si pendentes (art. 222º-C, nº 3).

4.3.2. Eventual indeferimento liminar do requerimento

À semelhança do que se discute sobre o PER, pode equacionar-se um eventual indeferimento liminar do requerimento por ausência dos seus pressupostos legais. É manifesto que a maior facilitação do PEAP em relação ao PER torna mais difícil o controlo pelo tribunal, mas não se poderá excluir totalmente a possibilidade de indeferimento liminar, em caso de manifesta inviabilidade de utilização do PEAP, como na hipótese de o requerimento ser apresentado por uma empresa.

4.3.3. Nomeação do administrador judicial provisório

Perante a apresentação do requerimento, e não havendo razões para o seu indeferimento liminar, o juiz nomeia de imediato por despacho administrador judicial provisório (art. 222º-C, nº 4), sendo o referido despacho imediatamente notificado à empresa e objecto da publicidade referida no arts. 37º e 38º (art. 222º-C, nº 5). No mesmo despacho deve o juiz proceder à fixação da remuneração do administrador judicial provisório (art. 222º-C, nº 4), e art. 32º, nº 3, CIRE). Essa remuneração deve ser fixada nos termos da Portaria nº . 51/2005, de 20 de Janeiro.

4.3.4. Reclamação e impugnação de créditos

Uma vez recebida a notificação, o devedor comunica por carta registada aos seus credores que não tenham subscrito a declaração de que deu início ao processo de revitalização, convidando-os a participar nas negociações (art. 222º-D, nº 1). Os credores têm um prazo de 20 dias, contados desde a publicação no Citius do despacho que nomeia o administrador judicial provisório para reclamarem perante este os seus créditos, após o que este elabora, no prazo de cinco dias, uma lista provisória dos créditos (art. 222º-D, nº 2). Essa lista, uma vez publicada no Citius, torna-se definitiva se não for impugnada no prazo de cinco dias úteis, tendo o juiz idêntico prazo para decidir as impugnações apresentadas (art. 222º-D, nºs 3 e 4). Ao contrário do que se prevê no âmbito do processo de insolvência (art. 146º) não parece admissível no âmbito do processo especial para acordo de pagamento a verificação ulterior de créditos que, conforme se salientou, também não é admitida no processo especial de revitalização.

4.3.5. Negociações entre o devedor e os credores

Os declarantes dispõem então de um prazo de dois meses para concluir as negociações, podendo esse prazo ser prorrogado uma única vez, por um mês, mediante acordo escrito entre o administrador judicial provisório nomeado e o devedor, devendo tal acordo ser junto aos autos e publicado no Citius (art. 222º-D, nº 5). À semelhança do que se prevê para o PER, este prazo conta-se a partir do final do prazo para apresentação das impugnações da lista provisória de créditos, não se suspendendo até à decisão das mesmas impugnações.

Os credores que o desejem poderão a todo o tempo participar nas negociações, mediante o envio de cartas registadas, que são juntas ao processo (art. 222º-D, nº 7). As negociações são dirigidas pelo administrador judicial provisório (art. 222º-D, nº 9), a quem cabe fixar as regras das mesmas, caso não se obtenha um acordo entre todos os intervenientes. Nas negociações podem participar os peritos que cada um dos intervenientes considerar oportuno, cabendo a cada qual suportar os custos dos peritos que haja contratado, salvo se o acordo de pagamento que venha a ser aprovado dispuser de forma diferente (art. 222º-D, nº 8).

Durante as negociações, os intervenientes devem actuar em conformidade com os princípios constantes da Resolução 43/2011, de 25 de Outubro (art. 222º-D, nº 10). O devedor fica vinculado por deveres especiais de informação, quer perante o administrador judicial provisório, quer perante os seus credores, devendo a informação ser actualizada e completa, por forma a assegurar que as negociações decorram de forma transparente e equitativa (art. 222º-D, nº 6). Em consequência, tanto o devedor, como os seus administradores de direito e de facto no caso de este ser uma pessoa colectiva, podem incorrer solidariamente em responsabilidade civil, em caso de falta ou incorrecção das comunicações e informações a estes prestadas, mas a acção respectiva corre autonomamente ao processo (art. 222º-D, nº 11).

4.4. Efeitos da nomeação do administrador judicial provisório

4.4.1. Efeitos sobre o devedor

À semelhança do que sucede no PER, a nomeação do administrador judicial provisório no PEAP implica a inibição do devedor para a prática de actos de especial relevo, tal como são definidos no nº 2 e nas alíneas *d), e), f)* e *g)* do nº 3 art. 161º, a menos que obtenha autorização prévia do administrador judicial provisório (art. 222º-E, nº 2).

A remissão para o art. 161º, semelhante ao que o art. 17º-E, nº 2, prevê para o PER levanta dificuldades especiais no âmbito do PEAP, uma vez que neste estão em causa devedores não empresários, enquanto que aquela disposição se refere especificamente a actos relativos a empresas. No entanto, à semelhança do que se prevê para o PER deverá considerar-se que o 161º, nº 2, a necessidade de uma valoração do acto em concreto atendendo-se aos riscos envolvidos e às suas repercussões sobre a tramitação ulterior do processo, às perspectivas de satisfação dos credores e à susceptibilidade de recuperação do devedor.

A lei exclui a aplicação ao PEAP das alíneas *a)*, *b)* e *c)* do nº 3 do art. 161º, uma vez que se trata de disposições específicas relativas às empresas. No caso das pessoas singulares, os actos de especial relevo são assim apenas Em qualquer caso, adaptando a enumeração exemplificativa de actos de especial relevo do art. 161º, nº 3, aos devedores não empresários, poderemos considerar como tais:

a) A aquisição de imóveis;
b) A celebração de novos contratos de execução duradoura;
c) A assunção de obrigações de terceiros e a constituição de garantias;
d) A alienação de qualquer bem do devedor por preço igual ou superior a € 10000 e que represente, pelo menos, 10% do valor do seu activo, tal como existente à data da nomeação do administrador judicial provisório.

Esta enumeração é, no entanto, bastante deficiente para a concretização de actos de actos de especial relevo em relação a devedores não empresários. É considerado acto de especial relevo a aquisição de imóveis, mas já não a sua alienação, o que só ocorre se o imóvel representar mais de 10% do activo. No entanto, o arrendamento desse imóvel já é considerado acto de especial relevo, uma vez que constitui um novo contrato de execução duradoura. É por isso dificilmente justificável essa diferenciação.

O devedor deixa, assim, de poder praticar qualquer acto de especial relevo sem autorização do administrador judicial provisório. A autorização tem que ser requerida por escrito, e concedida pela mesma forma (art. 222º-E, nº 3), não podendo decorrer mais de cinco dias entre o pedido e a resposta, devendo sempre que possível recorrer-se a comunicações electrónicas (art. 222º-E, nº 4). A falta de resposta do administrador judicial provisório ao pedido formulado pelo devedor corresponde à recusa de autorização para a realização do negócio pretendido (art. 222º-E, nº 5).

4.4.2. Suspensão dos prazos de prescrição e de caducidade

Um outro efeito resultante da nomeação do administrador judicial provisório é a suspensão dos prazos de prescrição e caducidade oponíveis pelo devedor. Efectivamente, dispõe o art. 222º-E, nº 7 que "a decisão a que se refere o nº 4 do artigo 222º-C determina a suspensão de todos os prazos de prescrição e de caducidade oponíveis pelo devedor, durante todo o tempo em que perdurarem as negociações e até à prolação dos despachos de homologação, de não homologação, caso não seja aprovado plano de pagamento até ao apuramento do resultado da votação ou até ao encerramento das negociações nos termos previstos nos nºs 1 e 6 do artigo 222º-G.". Trata-se, neste caso, de uma situação de suspensão e não de interrupção dos prazos de prescrição e de caducidade, pelo que o tempo anteriormente decorrido antes da suspensão é contabilizado na altura em que o prazo volta a correr.

4.4.3. Efeitos sobre outros processos

A nomeação do administrador judicial provisório no processo especial para acordo de pagamento tem como efeito obstar à instauração de quaisquer acções para cobrança de dívidas contra o devedor e, durante todo o tempo em que perdurarem as negociações, suspende, quanto ao devedor as acções em curso com idêntica finalidade. Estas acções extinguir-se-ão logo que seja aprovado e homologado acordo de pagamento, salvo quando este preveja a sua continuação (art. 222º-E, nº 1).

Da mesma forma, os processos de insolvência em que anteriormente haja sido requerida a insolvência do devedor suspendem-se na data da publicação no portal Citius do despacho de nomeação do administrador judicial provisório, desde que não tenha sido proferida sentença declaratória da insolvência, extinguindo-se logo que seja aprovado e homologado acordo de pagamento (art. 222º-E, nº 6).

4.4.4. Efeitos sobre os fornecedores de serviços públicos essenciais

Determina o art. 222º-E, nº 8 que a partir da decisão de nomeação do administrador judicial provisório não pode ser suspensa a prestação dos seguintes serviços públicos essenciais:

a) Serviço de fornecimento de água;
b) Serviço de fornecimento de energia eléctrica;
c) Serviço de fornecimento de gás natural e gases de petróleo liquefeitos canalizados;
d) Serviço de comunicações electrónicas;
e) Serviços postais;
f) Serviço de recolha e tratamento de águas residuais;
g) Serviços de gestão de resíduos sólidos urbanos.

Os fornecedores desses serviços públicos essenciais perdem assim, durante a fase das negociações, a faculdade de recorrer à excepção de não cumprimento do contrato (arts. 428º e ss. CC) e até à resolução por incumprimento (art. 801º, nº 2, CC) em ordem a evitar que uma suspensão da actividade da empresa, em resultado da ausência de fonecimento dos serviços públicos essenciais, pudesse prejudicar a negociação com os credores para a sua revitalização.

Como contrapartida pela retirada desses direitos, estabelece, entanto, o art. 222º-E, nº 9, que o preço dos serviços públicos prestados nesse período que não sejam objecto de pagamento pela empresa será considerado dívida da massa insolvente em insolvência da mesma que venha a ser decretada nos dois anos posteriores ao termo do prazo das negociações. Ressalva-se, no entanto, o disposto no art. 10º da Lei 23/96, de 26 de Julho, alterada e republicada pela Lei 12/2008, de 26 de Fevereiro, e alterada pelas Leis nºs 24/2008, de 2 de Junho, 6/2011, de 10 de Março, 44/2011, de 22 de Junho, e 10/2013, de 28 de Janeiro, que estabelece um prazo de prescrição de seis meses para estas obrigações, a partir da prestação do serviço, assim como um prazo de caducidade do direito ao recebimento da diferença de preço, em caso de pagamento inferior por erro do prestador de serviços, a contar do pagamento inicial. Essa prescrição ou caducidade apenas pode ocorrer, no entanto, após o termo das negociações, uma vez que, conforme acima se referiu, durante o prazo em que decorrerem as mesmas, esses prazos ficam suspensos.

4.5. Conclusão do processo especial para acordo de pagamento

4.5.1. Conclusão das negociações com aprovação do acordo de pagamento

4.5.1.1. A aprovação do acordo de pagamento

A lei distingue consoante o acordo de pagamento seja aprovado por unanimidade dos credores ou por simples maioria dos mesmos.

Em caso de aprovação unânime de acordo de pagamento em negociação em que intervenham todos os credores, o acordo é assinado por todos e de imediato remetido o processo ao tribunal, para homologação ou recusa da mesma pelo juiz, acompanhado da documentação que comprova a sua aprovação, atestada pelo administrador judicial provisório. Nesse caso, o acordo de pagamento produz, em caso de homologação, imediatamente os seus efeitos (art. 222º-F, nº 1).

A lei refere que, sendo as negociações concluídas com a aprovação do acordo de pagamento, mas não se verificando essa aprovação unânime dos credores, o devedor remete-o ao tribunal, o qual procede à publicação de anúncio no portal Citius advertindo dessa junção, após o que corre o prazo de votação de 10 dias, no decurso do qual qualquer interessado pode solicitar a não homologação do acordo (art. 222º-F, nº 2)[104]. Os credores votam esse plano por escrito no prazo de dez dias, apenas podendo o voto consistir na sua aprovação ou rejeição, equivalendo a rejeição qualquer proposta de modificação do plano. Os votos são remetidos ao administrador judicial provisório, que os abre em conjunto com o devedor e elabora um documento com o resultado da votação, que remete de imediato para o tribunal (art, 222º-F, nº 4 e 211º).

O plano considera-se aprovado desde que reúna uma das seguintes votações (art. 222º-F, nº 3):

a) Sendo votado por credores cujos créditos representem, pelo menos, um terço do total dos créditos relacionados com direito de voto, contidos na lista de créditos a que se referem os n.os 3 e 4 do artigo

[104] Esta solução suscita a oposição de CATARINA SERRA, *Lições de Direito da Insolvência*, p. 588, nota (906), a qual refere que "Esta norma é um dos exemplos mais flagrantes dos resultados/ acidentes decorrentes da "costura" legislativa (...). Transpondo-se sem grande atenção parte da norma do art. 17ºF nº 3 para a norma do art. 222ºF nº 2, esta além de se referir indevidamente a "plano", refere-se ao início do prazo de votação quando o pressuposto desta norma é que o acordo de pagamento já tenha sido aprovado. A única possibilidade de atribuir sentido ao preceito é interpretá-lo à luz do regime anterior do PER em que, pura e simplesmente, não se definia prazo para a votação (não havia possibilidade de junção de nova versão de plano nem havia por isso prazo que corresse desde a publicação do anúncio da junção ou não junção) e se entendia que ela tinha lugar no decurso (e até ao final) do prazo previsto para as negociações. A única parte realmente proveitosa do art. 222ºF nº 2 é a determinação de que, concluindo-se as negociações com aprovação de acordo de pagamento sem unanimidade, o devedor remete o acordo ao tribunal para homologação ou recusa dela, sendo pois a única que deve e pode ser aproveitada. Tal como antes, mesmo que a lei o não diga expressamente, deve continuar a admitir-se que, no decurso da votação e até ao final do prazo das negociações, os credores solicitem a não homologação do acordo nos termos e para os efeitos dos arts. 215º e 216º". Defendendo igualmente a interpretação ab-rogante desta disposição, cfr. na jurisprudência, o Ac. RP 11/7/2018 (FÁTIMA ANDRADE), processo 2408/17.3T8STS.P1. Mas já, pelo contrário, no Ac. RG 20/9/2018 (MARIA LUÍSA RAMOS), processo 6662/17.2T8VNF.G1, se considerou que, face ao nº 2 do artº 222º-F, no âmbito do processo judicial especial para acordo de pagamento, publicado anúncio no portal Citius, advertindo da junção do plano, o prazo de votação de dez dias corre desde a publicação, contando-se para além do prazo das negociações e não dentro do prazo destas.

222º-D, recolha o voto favorável de mais de dois terços da totalidade dos votos emitidos e mais de metade dos votos emitidos corresponda a créditos não subordinados, não se considerando como tal as abstenções; ou

b) Recolha o voto favorável de credores cujos créditos representem mais de metade da totalidade dos créditos relacionados com direito de voto, calculados de harmonia com o disposto na alínea anterior, e mais de metade destes votos corresponda a créditos não subordinados, não se considerando como tal as abstenções.

O juiz pode, no entanto, computar os créditos que tenham sido impugnados se considerar que existe probabilidade séria de os mesmos serem reconhecidos, caso a questão ainda não tenha sido decidida (art. 222º-F, nº 3, proémio).

É duvidoso se se pode considerar aplicável ao processo especial para acordo de pagamento aos casos de exclusão do direito de voto previstos no art. 212º, nº 2, apenas com base na remissão genérica para o título IX efectuada no art. 222º-F, nº 5. Efectivamente, a norma do art. 212º, nº 1, é substituída pelo disposto no art. 222º-F, nº 3, o qual não faz qualquer referência a essa exclusão. Na jurisprudência já se considerou, no entanto, que a mesma é aplicável à votação do acordo de pagamento[105].

4.5.1.2. Decisão do juiz sobre a homologação do acordo de pagamento ou sua recusa

Seja ou não aprovado por todos os credores, o acordo de pagamento tem que ser sempre objecto de homologação ou recusa da mesma por parte do tribunal.

À decisão do juiz aplica-se neste caso o regime estabelecido para o plano de insolvência, constante do título IX do CIRE e, em especial, o disposto nos arts. 215º e 216º (art. 222º-F, nº 5). Nesse caso, o juiz decide se deve ou não homologar o referido plano, podendo recusar a sua homologação

[105] Neste sentido, cfr. Ac. RL 7/6/2018 (Pedro Martins), processo 3187/17.0T8VFX-2, Ac. RE 7/6/2018 (Francisco Xavier), processo 1022/17.8T8OLH.E1 e Ac. RE 12/7/2018 (Vítor Sequinho dos Santos), processo 2936/17.0T8STR.E1, que em consequência recusaram a homologação de um acordo de pagamento que tinha sido aprovado exclusivamente com os votos de credores hipotecário, cujo créditos não eram objecto de qualquer alteração com o acordo.

oficiosamente (art. 215º) ou a requerimento de qualquer interessado (art. 216º), e devendo a decisão ser tomada nos 10 dias subsequentes à recepção da documentação.

A não homologação oficiosa deve ocorrer no caso de violação não negligenciável de regras procedimentais ou das normas aplicáveis ao seu conteúdo, qualquer que seja a sua natureza, e ainda quando, no prazo razoável que estabeleça, não se verifiquem as condições suspensivas do plano ou não sejam praticados os actos ou executadas as medidas que devam preceder a homologação (art. 215º). À semelhança do que referimos para o PER, também parece ser fundamento da recusa de homologação, o facto de não se encontrarem preenchidos os seus pressupostos legais, designadamente por o devedor já se encontrar em situação de insolvência.

Já a não homologação a pedido dos interessados ocorre se tal for solicitado, quer pelo devedor, caso este não seja o proponente e tiver manifestado nos autos a sua oposição, anteriormente à aprovação do plano de recuperação, quer por algum credor ou sócio, associado ou membro do devedor cuja oposição haja sido comunicada nos mesmos termos. Exige-se, no entanto, que o requerente demonstre em termos plausíveis, em alternativa, que: *a)* a sua situação ao abrigo do plano é previsivelmente menos favorável do que a que interviria na ausência de qualquer plano, designadamente face à situação resultante de acordo já celebrado em procedimento extrajudicial de regularização de dívidas; *b)* O plano proporciona a algum credor um valor económico superior ao montante nominal dos seus créditos sobre a insolvência, acrescido do valor das eventuais contribuições que ele deva prestar (art. 216º, nº 1). À semelhança do que se prevê para o PER também se considerar aplicável ao PEAP, por força do art. 222º-F, nº 5, o regime do art. 194º CIRE, podendo assim o plano de pagamentos estabelecer diferenciações entre os credores, desde que fundadas em razões objectivas. Caso ocorra discriminação injustificada entre credores, naturalmente que o juiz deve recusar a homologação do acordo de pagamento[106].

Uma das causas pela qual o Tribunal pode recusar a homologação reside na inclusão do plano de créditos tributários, atento o regime da sua indisponibilidade consagrado nos arts. 30º e 125º da LGT.

[106] Cfr. Ac. RE 22/2/2018 (Albertina Pedroso), processo 494/18.8T8STB-A.E1, onde se recusou consequentemente a homologação de um acordo de pagamento que beneficiava excessivamente um dos credores.

Caso o juiz não homologue o acordo, aplica-se o disposto nos nºs 2 a 5 e 8 do art. 222º-G (art. 222º-F, nº 6), sendo assim a não homologação do plano de recuperação pelo juiz equiparada, quanto aos seus efeitos, à não aprovação pelos credores desse mesmo plano. Da decisão do juiz de não homologação pode, porém, ser interposto recurso. No caso de o parecer do administrador ser no sentido de que o devedor se encontra em situação de insolvência, esse recurso suspende a liquidação e partilha do activo, sem prejuízo da eventual necessidade de venda imediata dos bens susceptíveis de deterioração ou deterioração (arts. 222º-F, nº 7, 40º, nº 3, e 158º, nº 2).

Nos termos do art. 222º-F, nº 8, a decisão do juiz vincula o devedor e os credores, mesmo que não hajam reclamado os seus créditos ou participado nas negociações. Efectivamente, não faria sentido estabelecer-se no art. 222º-D, nº 2, o ónus de os credores reclamarem os créditos e depois admitir-se que a ausência dessa reclamação de participação nas negociações os exonerasse de cumprir o disposto no plano de recuperação, o que redundaria num benefício injustificado para os credores. Dessa vinculação ficam, no entanto, naturalmente excluídos os credores cujos créditos ainda não se tinham constituído à data do despacho de nomeação do administrador judicial provisório, uma vez que esses credores não podiam naturalmente proceder à reclamação dos seus créditos nesse processo.

A decisão do juiz é depois notificada, publicitada e registada pela secretaria do tribunal (art. 222º-F, nº 8), sendo as custas do processo suportadas pelo devedor (art. 222º-F, nº 9).

Salvo disposição expressa do acordo de pagamento em sentido diverso, a moratória ou o perdão previstos no plano ficam sem efeito: *a)* quanto a crédito relativamente ao qual o devedor se constitua em mora, se a prestação, acrescida dos juros moratórios, não for cumprida no prazo de 15 dias após interpelação escrita pelo credor; *b)* quanto a todos os créditos se, antes de finda a execução do plano, o devedor for declarado em situação de insolvência em novo processo (arts. 222º-F, nº 10 e 218º, nº 1).

4.5.2. Conclusão das negociações sem aprovação do acordo de pagamento

4.5.2.1. Generalidades

Caso o devedor ou a maioria dos credores acima referida concluam antecipadamente não ser possível alcançar acordo, ou caso tenha sido ultrapassado o prazo previsto no nº 5 do art. 222º-D, as negociações são encerradas, comunicando o administrador judicial provisório tal facto ao processo, se possível por meios electrónicos, e procedendo à sua publicação no Citius (art. 222º-G, nº 1). Dado que o prazo previsto no art. 222º-D, nº 5, tem carácter peremptório, é irrelevante a obtenção de acordo posteriormente ao decurso deste, devendo o juiz recusar a sua homologação nesse caso.

O devedor pode ainda pôr termo ao processo a todo o tempo, independentemente de qualquer causa, por carta registada enviada ao administrador judicial provisório, a todos os seus credores, e ao tribunal (art. 222º-G, nº 5).

Os efeitos do encerramento sem aprovação do acordo variam consoante o devedor se encontre ou não em situação de insolvência, sendo a questão objecto de parecer do administrador judicial provisório, mediante a informação de que disponha, após audição do devedor e dos seus credores (art. 222º-G, nº 4).

Examinemos sucessivamente estas duas situações.

4.5.2.2. Conclusão do processo quando o devedor não se encontra em situação de insolvência

Se o devedor não se encontrar em situação de insolvência, o fim do processo especial para acordo de pagamento acarreta a extinção de todos os seus efeitos (art. 222º-G, nº 2), voltando o devedor a poder praticar actos de especial relevo e cessando a suspensão de acções judiciais contra ele. O devedor perde, porém, a possibilidade de voltar a recorrer ao processo especial para acordo de pagamento por um período de dois anos (art. 222º-G, nº 6).

4.5.2.3. Conclusão do processo quando o devedor se encontra em situação de insolvência

Se o devedor se encontrar em situação de insolvência, a mesma deve ser requerida pelo administrador judicial provisório, com base no parecer por ele elaborado, após audição do devedor e dos credores (art. 222º-G, nºs 3 e 4). Recebido esse parecer, o tribunal notifica o devedor para, querendo e no caso de se mostrarem preenchidos os respectivos pressupostos apresentar plano de pagamentos em cinco dias, nos termos dos arts. 249º e ss., ou requerer a exoneração do passivo restante, nos termos dos arts. 235º e ss. Passado esse prazo, o juiz declara a insolvência do devedor no prazo de três dias, sem prejuízo da possibilidade de suspender o processo de insolvência até à decisão do incidente sobre o plano de pagamentos (arts. 222º-G, nº 3, *in fine* e 255º).

Sendo o processo especial para acordo de pagamento convertido em processo de insolvência e havendo lista definitiva de créditos reclamados, o prazo de reclamação de créditos previsto na alínea *j)* do nº 1 do art. 36º destina-se apenas à reclamação dos créditos ainda não reclamados nos termos do nº 2 do art. 222º-D (art. 222º-G, nº 8).

4.6. O caso especial de homologação de acordos extrajudiciais de recuperação do devedor

O processo especial para acordo de pagamento pode ser consideravelmente simplificado, caso o devedor consiga que a maioria dos credores prevista no art. 222º-F, nº 3, assine um acordo extrajudicial de pagamento. Neste caso, o processo para acordo de pagamento inicia-se pela apresentação pelo devedor do acordo assinado juntamente com uma declaração por iso assinada, atestando que não é uma empresa e que se encontra em situação económica difícil ou insolvência meramente iminente, nos termos do art. 222º-A, nºs 1 e 2 (art. 222º-I, nº 1).

Nestes casos, logo que receba os documentos o juiz procede à nomeação do administrador judicial provisório, cabendo à secretaria publicar no Citius a lista provisória dos créditos e notificar os credores constantes dessa lista, que não tiveram intervenção no acordo (art. 222º-I, nº 2). Verificam-se igualmente neste caso, por remissão do art. 222º-I, nº 6, os efeitos correspondente à nomeação do administrador judicial provisório, nomeadamente a suspensão das acções de cobrança de dívida contra a empresa (art. 222º-E, nº 1), a necessidade de autorização do administrador judicial provisório para a prática de actos de especial relevo (art. 222º-E, nºs 2 a 5), a suspensão dos processos de insolvência (art. 222º-E, nº 6), a suspensão dos prazos de prescrição e caducidade (art. 222º-E, nº 7) e a proibição da suspensão dos serviços públicos essenciais (art. 222ºE, nºs 8 e 9).

Os credores não intervenientes dispõem então do prazo de 20 dias para reclamar os seus créditos, devendo as reclamações ser remetidas ao administrador judicial provisório que, no prazo de cinco dias, elabora uma lista provisória dos créditos. Essa lista é imediatamente apresentada na secretaria do tribunal e publicada no portal Citius, podendo ser impugnada no prazo de cinco dias úteis e dispondo, em seguida, o juiz de idêntico prazo para decidir sobre as impugnações formuladas, convertendo-se a lista de créditos em definitiva se não houver reclamações (arts. 222º-I, nº 3, e 222º-D, nºs 2 e 4).

Conforme resulta do art. 222º-I, nº 4, o juiz procede então, no prazo de 10 dias, à análise do acordo extrajudicial devendo homologá-lo se respeitar a maioria prevista no nº 3 do art. 222º-F, a menos que se verifiquem casos de não homologação oficiosa (art. 215º) ou a requerimento dos interessados (art. 216º).

Caso o juiz homologue o acordo aplica-se o regime resultante da conclusão do processo pela obtenção de acordo (art. 222º-I, nº 6). Nesse caso, a decisão vincula o devedor e os credores, mesmo que não hajam reclamado os seus créditos ou participado nas negociações, relativamente aos créditos constituídos à data em que foi proferido o despacho de nomeação do administrador judicial provisório, e é notificada, publicitada e registada pela secretaria do tribunal (art. 222º-F, nº 8 e 222º-I, nº 6). Salvo disposição expressa do acordo de pagamento em sentido diverso, verifica-se igualmente a perda de eficácia da moratória ou do perdão previstos no acordo quanto a crédito relativamente ao qual o devedor se constitua em mora, se a prestação, acrescida dos juros moratórios, não for cumprida no prazo de 15 dias após interpelação escrita pelo credor e quanto a todos os créditos se, antes de finda a execução do plano, o devedor for declarado em situação de insolvência em novo processo (arts. 222º-I, nº 6, 222º-F, nº 10, e 218º, nº 1).

Caso o juiz não homologue o acordo, cessam os efeitos do processo, podendo o devedor ser declarado em situação de insolvência, se for o caso (arts. 222º-I, nº 6, 222º-F, nº 6 e 222º-G, nºs 2 a 5 e 8). É admissível, no entanto, o recurso da decisão de não homologação (art. 222º-I, nº 6 e 222º-F, nº 7).

4.7. Subsistência dos negócios e garantias acordados, mesmo que se verifique a insolvência do devedor

Conforme acima se salientou, os negócios celebrados no âmbito do processo especial para acordo de pagamento são insusceptíveis de resolução em benefício da massa insolvente (art. 120º, nº 6), pelo que subsistirão, mesmo que a insolvência venha a ser decretada no prazo de dois anos.

Para além disso, as garantias convencionadas entre o devedor e os seus credores durante o processo especial de revitalização, com a finalidade de proprocionar àquele os necessários meios financeiros para o desenvolvimento da sua actividade, mantêm-se mesmo que, findo o processo, venha a ser declarada, no prazo de dois anos, a insolvência do devedor (art. 222º-H, nº 1). Aliás, independentemente da estipulação de quaisquer garantias, a lei atribui aos credores que, no decurso do processo, financiem a actividade do devedor, disponibilizando-lhe capital para a sua revitalização, um privilégio creditório geral, graduado antes do privilégio creditório dos trabalhadores (art. 222º-H, nº 2).

4.8. Articulação com outros processos

À semelhança do que ocorre no PER, também o PEAP tem um campo de aplicação claramente separado do processo de insolvência, sendo um processo pré-insolvencial, pelo que não pode ser utilizado por devedores que já se encontrem em situação de insolvência actual, apenas podendo ser utilizado pelos devedores que se encontrem em situação económica difícil ou em situação de insolvência iminente (art. 222º-A, nº 1). O devedor não tem, por isso, a alternativa entre apresentar-se à insolvência ou recorrer ao PER, não podendo, por isso, este ser considerado como um meio alternativo à insolvência. Apenas no caso de a insolvência ser meramente iminente, uma vez que o art. 3º, nº 4, permite nessa situação a apresentação do devedor à insolvência, é que o mesmo terá a alternativa entre apresentar-se à insolvência ou recorrer ao PEAP. Existe, no entanto, um sério risco, à semelhança do que ocorreu com o PER, de o PEAP ser abusivamente utilizado em ordem a permitir aos devedores fugir ao processo de insolvência. No caso do PEAP, esse risco é potenciado pelo facto de a lei não exigir ao devedor nenhuma declaração certificada por contabilista certificado de que não se encontra em situação de insolvência (art. 222º-A, nº 2), ao contrário do que se encontra previsto para o PER (art. 17º-A, nº 2).

O facto de estar pendente um processo de insolvência não impede por isso o empresa de recorrer ao PEAP, desde que a insolvência ainda não tenha sido declarada, prevendo a lei que nesse caso o recurso ao PEAP suspende o processo de insolvência (art. 222º-E, nº 6). Entendemos, porém, à semelhança do que defendemos para o PER, que o devedor não deve poder recorrer ao PEAP, mesmo que a insolvência ainda não tenha sido declarada, nos casos em que tenha sido ele a apresentar-se à insolvência, o que implica que a mesma seja reconhecida, nos termos do art. 18º, ou não tenha deduzido oposição a esse pedido, com os efeitos previstos no art. 30º, nº 5.

Já relativamente ao RERE, uma vez que este não pode ser utilizado por pessoas singulares que não sejam titulares de empresa (art. 3º, nº 1, *a)* Lei 8/2018), que são aquelas que se destina principalmente o PEAP (art. 222º-A, nº 1) dificilmente poderá haver articulação entre os dois processos.

5
O plano de insolvência

5.1. Generalidades

Conforme resulta hoje do art. 1º do CIRE, em caso de insolvência dos devedores, a satisfação dos credores deve ocorrer preferencialmente através de um plano de insolvência, que nomeadamente se baseie na recuperação da empresa compreendida na massa insolvente[107], só devendo ser adoptados os trâmites processuais da liquidação estabelecida em processo de insolvência, quando tal não se afigure possível. Daqui resulta que a liquidação da massa insolvente se apresenta como supletiva, e até mesmo subsidiária, já que os credores devem optar por outra solução, através do plano de insolvência, previsto nos arts. 192º e ss. Essa solução pode ser a recuperação da empresa insolvente, mas também outro modo de liquidação do património do insolvente, decidido pelos credores ao abrigo da sua autonomia[108].

No entanto, apesar de, desde a Lei 16/2012, o legislador manifestar preferência pela recuperação, continua a deixar na mão dos credores a escolha entre a recuperação ou a liquidação, dando-lhes inteira liberdade de optarem, em termos de racionalidade económica, por aquela que julgarem

[107] Cfr. Eduardo Santos Júnior, "O plano de insolvência. Algumas notas", em *O Direito*, 138 (2006), III, pp. 571-591 = Ruy de Albuquerque / António Menezes Cordeiro (org.), *Estudos em Memória do Professor Doutor José Dias Marques*, Coimbra, 2007, pp. 121-141 e Gisela Teixeira Jorge Fonseca, "A natureza jurídica do plano de insolvência", em Rui Pinto (org.), *Direito da Insolvência. Estudos*, Coimbra, Coimbra Editora, 2011, pp. 65-129.

[108] Neste sentido, Santos Júnior, *O Direito*, 138 (2006), III, p. 573 = *Estudos Dias Marques*, p. 123. Não tem, por isso, o plano de insolvência que prever a administração pelo devedor. Cfr. Ac. RP 29/1/2008 (Carlos Moreira), em *CJ* 33 (2008), 1, pp. 181-183.

ser a melhor solução de defesa dos seus interesses. A lei tem, no entanto, o cuidado de agora autonomizar o plano de recuperação no quadro dos planos de insolvência, exigindo que, quando o plano se destine a prover à recuperação do devedor, essa menção conste em todos os documentos e publicações respeitantes ao mesmo.

Para efeitos desta obra, interessa-nos exclusivamente a recuperação dos devedores através do plano de insolvência.

5.2. Legitimidade para ser objecto do plano de insolvência

A aplicação do plano de insolvência é em princípio universal, ocorrendo em todos os processos de insolvência que abrangem qualquer dos sujeitos passivos referidos no art. 2º, nº 1, CIRE. No entanto, estando em causa pessoas singulares, os arts. 249º e 250º inviabilizam a aplicação do plano de insolvência em relação aos não empresários ou titulares de pequenas empresas, existindo para eles um processo sucedâneo, que é o plano de pagamentos, previsto nos arts. 251º e ss. Para este efeito são considerados como não empresários os que não tenham sido titulares de qualquer empresa nos três anos anteriores ao início do processo de insolvência (art. 249º, nº 1, *a*)). Já o conceito de "titular de pequena empresa" é estabelecido em função das características do seu passivo, considerando-se como tais aqueles que não tenham dívidas laborais, possuam um número de credores inferior a 20 e um passivo global não excedente a € 300 000 à data do início do processo (art. 249º, nº 1, *b*)). Apresentando-se ambos os cônjuges à insolvência, ou sendo o processo instaurado contra ambos, nos termos do artigo 264º, os requisitos acima referidos terão que se verificar relativamente a cada um dos cônjuges (art. 249º, nº 2).

Questiona-se, porém, se ocorrendo o falecimento no decurso do processo de insolvência de uma pessoa singular que não seja empresária ou que seja titular de pequena empresa, passando o processo a correr contra a herança jacente (art. 2º, nº 1, *b*)), se poderá passar a recorrer ao plano de insolvência. Entre nós, SANTOS JÚNIOR pronuncia-se afirmativamente[109]. Efectivamente, neste caso não se justifica continuar a utilizar o regime mais protector do devedor que é o do plano de pagamentos, pelo que será naturalmente admissível o recurso ao plano de insolvência, como o é em relação a qualquer herança jacente.

[109] Cfr. SANTOS JÚNIOR, *O Direito*, 138 (2006), III, p. 578 = *Estudos Dias Marques*, pp. 128-129.

5.3. Legitimidade para apresentar a proposta de plano de insolvência

O plano de insolvência pode ser proposto pelo administrador da insolvência, pelo devedor, por qualquer pessoa que responda legalmente pelas dívidas da insolvência e por qualquer credor ou grupo de credores cujos créditos representem pelo menos um quinto do total dos créditos não subordinados reconhecidos na sentença de verificação e graduação de créditos, ou na estimativa do juiz, se tal sentença ainda não tiver sido proferida (art. 193º, nº 1).

A assembleia de credores pode igualmente conferir ao administrador o encargo de elaboração de um plano de insolvência, podendo nesse caso determinar a suspensão da liquidação e partilha da massa insolvente (art. 156º, nº 3). A suspensão, no entanto, não impede a venda de bens susceptíveis de deterioração ou perecimento (art. 156º, nº 5, e 158º, nº 2), e cessa se o plano não for apresentado nos 60 dias seguintes (art. 156º, nº 4, *a)*) ou não for subsequentemente admitido, aprovado ou homologado (art. 156º, nº 4, *b)*).

O administrador deve apresentar em prazo razoável a proposta de plano de insolvência, quando tal lhe seja solicitado pela assembleia de credores (arts. 156º, nº 3, e 193º, nºs 2 e 3)[110]. Quando não seja da sua iniciativa, a sua proposta deve ser realizada em colaboração com a comissão de credores, se existir, com a comissão ou representantes dos trabalhadores ou com o devedor, devendo conformar-se com as directivas que tenham sido aprovadas em assembleia de credores (art. 193º, nº 3). Mesmo que não tenha sido encarregado da elaboração dessa proposta, no seu relatório, o administrador deve indicar as perspectivas de manutenção, total ou parcial da empresa do devedor, da conveniência da aprovação de um plano de insolvência e quais as consequências para os credores dos diversos cenário (art. 155º, nº 1, *c)*); e se considerar conveniente a aprovação de um plano de insolvência, qual a remuneração que pretende auferir pelo mesmo (art. 155º, nº 1, *d)*).

[110] A lei não define o que se deve entender por prazo razoável, sendo este um conceito vago e indeterminado, a necessitar de ser concretizado em relação a cada insolvência em particular. Parece, no entanto, que esse prazo não deverá exceder os 60 dias, atenta a circunstância de a liquidação e partilha da massa insolvente não se poder prolongar para além dessa data (arts. 156º, nº 3, e nº 4 *a)*). Neste sentido, cfr. Carvalho Fernandes / João Labareda, *Código*, sub art. 193º, nº 8, pp. 710-711, e Santos Júnior, *O Direito*, 138 (2006), III, p. 582 = *Estudos Dias Marques*, p. 132.

5.4. Conteúdo do plano de insolvência

Nos termos do art. 192º, nº 1, o plano da insolvência pode regular, em derrogação das normas do CIRE, o pagamento dos créditos sobre a insolvência, a liquidação da massa insolvente e a sua repartição pelos titulares daqueles créditos ou pelo devedor, bem como a responsabilidade do devedor, depois de findo o processo de insolvência. Os credores têm assim, em relação ao conteúdo do plano ampla liberdade de estipulação, podendo livremente adoptar algumas das soluções previstas no CIRE, ou outras, mesmo que em derrogação dos seus preceitos, o que implica que o plano da insolvência seja, em termos de conteúdo, um negócio atípico[111]. Há, no entanto, algumas restrições à estipulação dos credores, dado que o art. 192º, nº 2, estabelece que "o plano só pode afectar por forma diversa a esfera jurídica dos interessados, ou interferir com direitos de terceiros, na medida em que tal seja expressamente autorizado neste título ou consentido pelos visados". Conforme acima se referiu, a lei passou igualmente a autonomizar o plano de recuperação no quadro dos planos de insolvência, exigindo que, quando o plano se destine a prover à recuperação do devedor, essa menção conste em todos os documentos e publicações respeitantes ao mesmo (art. 192º, nº 3).

O plano de insolvência pode implicar uma regulação especial da liquidação, afastando-se do regime estabelecido no CIRE (art. 192º, nº 1). Nesse caso, o plano deverá indicar quais os preceitos legais derrogados e o âmbito da respectiva derrogação (art. 195º, nº 2, *e*))[112], podendo inclusivamente afastar totalmente a própria liquidação, adoptando outra via de satisfação dos credores, como a recuperação do titular da empresa, ou a transmissão da mesma a outra entidade (art. 195º, nº 2, *b*)).

Nos termos do art. 194º, nº 1, o plano da insolvência obedece ao princípio da igualdade dos credores da insolvência, admitindo-se, porém, diferencia-

[111] Entende, no entanto, MENEZES CORDEIRO, "Introdução ao Direito da Insolvência", em *O Direito* 137º (2005), III, 465-506 (503), que, apesar de o conteúdo concreto do plano de insolvência depender da vontade das partes, é possível, com base no art. 195º, nº 2 *b*), apresentar uma classificação exemplificativa de planos de insolvência, abrangendo: *a*) o plano de liquidação da massa insolvente; *b*) o plano de recuperação; *c*) o plano de transmissão de empresa; e *d*) o plano misto.

[112] PAULA COSTA E SILVA, "A liquidação da massa insolvente", na *ROA* 65 (2005), 3, pp. 713-744 (743), considera, porém, que, face aos interesses que tutelam, os arts. 159º, 160º, e 168º devem considerar-se inderrogáveis.

ções justificadas por razões objectivas. Nenhum credor pode, no entanto, ser objecto de tratamento desfavorável em relação a credores em idêntica situação, a não ser com o seu consentimento, que se considera tacitamente prestado, em caso de voto favorável (art. 194º, nº 2). A nossa jurisprudência tem interpretado latamente esta disposição, admitindo amplamente que o plano da insolvência estabeleça diferenciações entre classes de credores, e altere a sua situação jurídica sem consentimento destes[113]. Em virtude do princípio da igualdade dos credores, o plano de insolvência não tem que atribuir preferências de pagamento a credores privilegiados, cujos privilégios se extinguem com a declaração de insolvência, mesmo que os respectivos credores tenham votado contra o plano[114]. Admitiu-se também que fosse estabelecida uma diferenciação entre credores, consistente no pagamento de apenas 50% aos fornecedores, mas pagamento integral dos créditos das instituições bancárias e financeiras, em virtude de a empresa necessitar do financiamento das mesmas[115]. Mas já se considerou violar a igualdade dos credores o facto de os credores garantidos aprovarem com os seus votos um plano de insolvência que lhes garante o pagamento integral dos seus créditos, ao mesmo tempo que decreta o perdão total dos créditos comuns e subordinados[116].

O plano da insolvência indica, em primeiro lugar, as alterações dele decorrentes para a situação dos credores da insolvência (art. 195º, nº 1). Para além disso, o plano de insolvência deve indicar a sua finalidade, descrever as medidas necessárias à sua execução, já realizadas ou ainda a executar, e conter todos os elementos relevantes para efeitos da sua aprovação pelos credores e homologação pelo juiz (art. 195º, nº 2).

[113] Assim, no Ac. RL 12/7/2007 (António Abrantes Geraldes) na *CJ* 32 (2007), 3, pp. 110-115, considerou ser admissível a homologação de plano de insolvência que previa a manutenção apenas de alguns trabalhadores na empresa adquirente do património da insolvente e diferentes percentagens de pagamento imediato a certos credores privilegiados. Também no Ac. RP 15/11/2007 (Deolinda Varão) na *CJ* 32 (2007), 5, pp. 175-178, se considerou, legalmente admissível determinar o pagamento dos credores hipotecários à frente dos privilégios dos trabalhadores, não sendo necessário o consentimento destes, por a lei autorizar expressamente essa situação, como prevê o art. 192º, nº 2

[114] Neste sentido, quanto aos créditos do Estado, cfr. Ac. RL 22/11/2007 (Pedro Lima Gonçalves) na *CJ* 32 (2007), 5, pp. 98-100. Quanto aos créditos da Segurança Social, cfr. Ac. 9/7/2009 (Maria Rosa Tching), em *CJ* 34 (2009), 3, pp. 299-301.

[115] Cfr. Ac. STJ 10/4/2014 (Salreta Pereira), processo 83/13.3TBMCD-B.P1.S1.

[116] Cfr. Ac. STJ 24/11/2015 (Fernandes do Vale), processo 700/13.5TBTVR.E1.S1.

Entre esses elementos, para além de uma descrição da situação patrimonial, financeira e reditícia do devedor (art. 195º, nº 2, *a)*), encontra-se a indicação sobre se os meios de satisfação dos credores serão obtidos através da liquidação da massa insolvente, da recuperação do titular da empresa ou da transmissão da empresa a outra entidade (art. 195º, nº 2, *b)*). O plano de insolvência deve assim centrar-se na opção por uma destas três possibilidades. No caso de se optar pela manutenção da actividade da empresa, na titularidade do devedor ou de terceiro, exige-se, no entanto, o fornecimento aos credores de elementos que permitam confirmar a sua viabilidade económico-financeira (cfr. art. 195º, nº 2, *c)*).

O plano deve ainda explicar o impacto expectável das alterações propostas, por comparação com o que ocorreria em caso de inexistência de plano de insolvência (art. 195º, nº 2 *d)*). O art. 195º, nº 2, *e)* refere ainda que o plano da insolvência contém a indicação dos preceitos legais derrogados, e do âmbito dessa derrogação[117]. A jurisprudência utilizou esta norma para permitir a afectação do regime dos créditos tributários[118], mas essa solução veio a ser posta em causa pela alteração efectuada pela Lei nº 55-A/2010, de 31 de Dezembro (Orçamento do Estado para 2011) ao art. 30º da LGT, ao qual foi aditado um nº 3, estabelecendo que o regime da indisponibilidade dos créditos tributários prevalece sobre qualquer legislação especial. Nas suas disposições transitórias o art. 125º daquela Lei determina mesmo a sua aplicação "designadamente aos processos de insolvência que se encontrem pendentes e ainda não tenham sido objecto de homologação,

[117] É controvertido o significado à expressão "preceitos legais derrogados". Para CARVALHO FERNANDES/JOÃO LABAREDA, *Código da Insolvência*, sub art. 195º, nº 7, p. 717, estará aqui em causa apenas a derrogação das normas supletivas aplicáveis.

[118] Assim, no Ac. RP 13/7/2006 (JOSÉ FERRAZ), em *CJ* 31 (2006), 3, pp. 200-205, admitiu-se com base nesta norma a possibilidade de o plano de insolvência derrogar as disposições legais que estabelecem sobre a regularização de créditos à segurança social, nomeadamente o D.L. 411/91, de 17 de Outubro, podendo assim o plano de insolvência determinar a redução dos créditos e perdão de juros sem consentimento do credor, não se tendo considerado essa solução inconstitucional. A mesma solução foi adoptada no Ac. RC 27/5/2008 (HÉLDER ROQUE) na *CJ* 33 (2008), 3, pp. 14-17, onde se considerou que o plano da insolvência pode, em derrogação a esse diploma, estabelecer modificações do prazo de pagamento e da taxa de juro dos créditos da Segurança Social. Igualmente no Ac. STJ 4/6/2009 (ÁLVARO RODRIGUES), em *CJ-ASTJ* 17 (2009), 2, pp. 91-93 se considerou não ser obstáculo á homologação do plano de insolvência a previsão da redução ou perdão de dívidas fiscais. No mesmo sentido, cfr. Ac. RC 6/10/2009 (FREITAS NETO), em *CJ* 34 (2009), 4, pp. 28-31 e Ac. RC 1/6/2010 (CARLOS MOREIRA), em *CJ* 35 (2010), 3, pp. 17-20.

sem prejuízo da prevalência dos privilégios creditórios dos trabalhadores previstos no Código do Trabalho sobre quaisquer outros créditos". É assim manifesto que hoje não pode ser aprovado qualquer plano de insolvência que afecte os créditos tributários[119].

Com excepção dos créditos tributários, o plano de insolvência pode conter providências com incidência no passivo do devedor, referindo a lei exemplificativamente o perdão ou redução do valor dos créditos, quer quanto a capital, quer quanto a juros (com ou sem cláusula "salvo regresso de melhor fortuna"), o condicionamento do reembolso de todos os créditos às possibilidades do devedor, a modificação dos prazos de vencimento ou das taxas de juro dos créditos, a constituição de garantias e a cessão de bens aos credores (art. 196º, nº 1). O perdão ou redução dos créditos sobre a insolvência não pode, porém, afectar créditos já satisfeitos, como na hipótese de ter sido anteriormente a compensação ao abrigo do art. 99º[120].

O plano de insolvência não pode também afectar as garantias reais e os privilégios creditórios acessórios de créditos detidos pelo Banco Central Europeu ou por bancos centrais de Estados-Membros da União Europeia, ou por participantes num sistema de pagamentos ou equiparado (art. 196º, nº 2).

Na falta de estipulação expressa em contrário, o plano de insolvência não afecta as garantias reais e os privilégios creditórios, os créditos subordinados consideram-se objecto de perdão total e o cumprimento do plano de insolvência exonera o devedor e os responsáveis legais da totalidade das dívidas da insolvência remanescentes (art. 197º). No caso de a proposta de plano de insolvência oferecer aos credores, ou a alguns deles, várias opções em alternativa, deve indicar ainda qual a aplicável se, no prazo fixado para o efeito, não for exercido o direito de escolha (art. 200º).

5.5. O caso especial do plano de insolvência relativo a sociedades comerciais

As propostas do plano de insolvência em relação às sociedades comerciais obedecem a um condicionalismo especial, previsto no art. 198º[121], disposi-

[119] Neste sentido vide o acórdão RG 23/4/2013 (PAULO BARRETO), processo 1473/11.1TBFLG.G1.

[120] Neste sentido, vide o acórdão STJ 17/10/2019 (HÉLDER ALMEIDA), processo 1975/17.6T8LRA.C1.S1.

[121] Cfr. sobre o mesmo PAULO OLAVO CUNHA, "Providências específicas do plano de recuperação de sociedades", em CATARINA SERRA (org.), *I Congresso de Direito da Insolvência*,

ção que se deve considerar igualmente aplicável às sociedades civis constituídas sob forma comerical, nos termos do art. 1º, nº 4, CSC[122]. Assim, em primeiro lugar, o plano de insolvência pode ser condicionado à adopção e execução pelos órgãos sociais competentes, de medidas que não consubstanciem meros actos de disposição do património societário (art. 198º, nº 1). O próprio plano de insolvência pode, no entanto, adoptar logo as seguintes medidas (art. 198º, nº 2)[123]:

a) Uma redução do capital social para cobertura de prejuízos, incluindo para zero ou outro montante inferior ao estabelecido na lei para aquele tipo de sociedade, desde que acompanhada de aumento de capital para montante igual ou superior àquele mínimo;
b) Um aumento do capital social, em dinheiro ou em espécie, a subscrever por terceiros ou por credores, nomeadamente mediante a conversão de créditos em participações sociais, com ou sem respeito pelo direito de preferência dos sócios legal ou estatutariamente previsto;
c) A alteração dos estatutos da sociedade;
d) A transformação da sociedade noutra de tipo distinto;
e) A alteração dos órgãos sociais;
f) A exclusão de todos os sócios, tratando-se de sociedade em nome colectivo ou em comandita simples, acompanhada da admissão de novos sócios;
g) A exclusão de todos os sócios comanditados acompanhada da redução do capital a zero nos termos da alínea *a)*, tratando-se de sociedade em comandita por acções.

Examinemos com mais detalhe estas medidas.

Coimbra, Almedina, 2013, pp. 107-139 e "A recuperação das sociedades no contexto do PER e da insolvência", na *RDI* nº 1 (Abril 2016), pp. 99-119 (113 e ss.) e Flávia Canastro, "As providências específicas de recuperação das sociedades comerciais – Uma leitura da problemática à luz do Direito Insolvencial e do Direito Societário", em Maria do Rosário Epifânio (org.), *Estudos de Direito da Insolvência*, II, Coimbra, Almedina, 2019, pp. 113-166 (128 e ss.).

[122] Neste sentido, Paulo Olavo Cunha, em Catarina Serra (org.), *I Congresso*, p. 117, e Flávia Canastro, em Rosário Epifânio (org.), *Estudos*, II, p. 128.

[123] Estas medidas correspondem parcialmente à figura da reestruturação financeira, anteriormente prevista no anterior art. 88º, nº 2, CPEREF.

A redução do capital social encontra-se prevista nos arts. 94º e ss. CSC, podendo ser efectuada para cobertura de prejuízos, em ordem a obter o saneamento financeiro da sociedade. Nesses casos, a lei permite que seja deliberada a redução do capital a um montante inferior ao mínimo estabelecido por lei para o respectivo tipo de sociedade se tal redução ficar expressamente condicionada à efectivação de aumento do capital para montante igual ou superior àquele mínimo, a realizar nos 60 dias seguintes àquela deliberação (art. 95º, nº 2, CSC). No caso específico da redução do capital a zero, a mesma só é admissível se for de presumir que, em liquidação integral do património da sociedade, não subsistiria qualquer remanescente, a distribuir pelos sócios (art. 198º, nº 3). A redução tem em qualquer caso que ser acompanhada de aumento do capital social de montante igual ou superior ao mínimo, no que tem sido designado de operação harmónio. A lei exige que as deliberações de redução e aumento de capital sejam realizadas simultaneamente através de um proposta global não cindível[124].

Outra medida de recuperação é o aumento de capital, nos termos previstos nos arts. 87º e ss. CSC. O aumento de capital tem necessariamente que se fazer por novas entradas, já que o aumento de capital por incorporação de reservas previsto nos arts. 91º e ss. CSC constitui uma mera operação contabilística, sem qualquer reflexo na situação patrimonial da sociedade. As novas entradas podem ser em dinheiro ou em espécie, já que ambas permitem à sociedade obter um reforço do capital necessário à sua actividade. No âmbito das entradas em espécie, a lei refere especialmente a medida da conversão dos créditos em capital. A aprovação de aumento de capital sem concessão de preferência aos sócios, ainda que por entradas em espécie, pressupõe, em alternativa, que o capital da sociedade seja efectivamente reduzido a zero, ou que a medida não acarrete desvalorização das participações que os sócios conservem (art. 198º, nº 4). A adopção desta medida exige que antes da homologação do plano ocorra a subscrição das participações sociais, assim como a realização integral das entradas em dinheiro, mediante depósito à ordem do administrador de insolvência[125],

[124] Cfr. Paulo Olavo Cunha, em Catarina Serra (org.), *I Congresso*, p. 120, e Flávia Canastro, em Rosário Epifânio (org.), *Estudos*, II, p. 132.

[125] Em sentido contrário, Paulo Olavo Cunha, em Catarina Serra (org.), *I Congresso*, p. 124, sustenta ser possível o diferimento da realização das entradas em dinheiro em 70% nas sociedades anónimas e na quase totalidade nas sociedades por quotas, ao abrigo dos arts. 89º, nº 1, 199º, *b)*, 203º, nº 1, e 277º, nº 2, CSC. Sustentando a inaplicabilidade dessas disposições em

e ainda a emissão das declarações de transmissão das entradas em espécie e verificação do valor destas pelo revisor oficial de contas designado no plano (art. 201º, nº 2).

Já as medidas de alteração dos estatutos, transformação da sociedade ou alteração dos seus órgãos, a menos que se tenha verificado a redução do capital a zero ou a exclusão de todos os sócios, pressupõem que, podendo essas medidas ser adoptadas pela assembleia geral segundo a lei e o pacto social, o plano da insolvência inclua um aumento de capital destinado a não sócios e que desse aumento resulte para os credores e terceiros participantes a maioria do capital (art. 198º, nº 5).

Finalmente, as medidas de exclusão de sócios pressupõem o pagamento aos sócios excluídos da contrapartida, caso as partes sociais não sejam destituídas de qualquer valor (art. 198º, nº 6).

No art. 199º prevê-se ainda a possibilidade de o plano incluir a medida do saneamento por transmissão[126], consistente na constituição de uma ou mais novas sociedades, destinadas à exploração de um ou vários estabelecimentos compreendidos na massa insolvente. Neste caso, o plano deverá estabelecer uma contrapartida adequada para essa transmissão, conter em anexo os estatutos dessas sociedades, e prover quanto à constituição dos seus órgãos sociais. O saneamento por transmissão corresponde a um trespasse do estabelecimento para a nova sociedade[127], abrangendo consequentemente todos os bens, créditos e dívidas que integram esse estabelecimento, salvo se for determinada a sua exclusão[128].

5.6. Condições de eficácia do plano de insolvência

O plano de insolvência obedece a certas condições de eficácia, a que se referem os arts. 200º e ss.

caso de insolvência, face à premência da injecção de capitais na empresa, no que nos parece ser a melhor posição, cfr. FLÁVIA CANASTRO, em ROSÁRIO EPIFÂNIO (org.), *Estudos*, II, p. 134.

[126] Esta medida corresponde à figura da reconstituição empresarial, anteriormente prevista nos arts. 78º e 80º CPEREF. Cfr. sobre ela, FILIPE CASSIANO DOS SANTOS, "Plano de insolvência e transmissão da empresa", em CATARINA SERRA (org.), *I Congresso de Direito da Insolvência*, Coimbra, Almedina, 2013, pp. 141-151.

[127] Cfr. ALEXANDRE SOVERAL MARTINS, *Um curso*, p. 424.

[128] Nest sentido, cfr. Ac. STJ 3/7/2018 (FONSECA RAMOS), processo 172/12.1TBCBT.G1.S2, onde em consequência se considerou que o saneamento por transmissão envolve a transmissão de uma indemnização devida ao abrigo de contrato de seguro.

Assim, em primeiro lugar, se o plano de insolvência deixar aos credores várias opções em alternativa, deverá indicar a aplicável, caso não venha a ser por estes efectuada a escolha em determinado prazo (art. 200º).

Para além disso, o plano de insolvência pode ser objecto de condições suspensivas designadamente quanto a prestações e medidas que devam ocorrer antes da homologação do juiz (art. 201º, nº 1). Entre estas encontra-se a subscrição de participações sociais, em caso de aumento de capital ou saneamento por transmissão (art. 201º, nº 2). Já a aposição de condições resolutivas não é admissível (art. 201º, nº 3).

Em certos casos exige-se o consentimento dos interessados para se poder aprovar medidas constantes do plano, devendo o respectivo consentimento ser prestado antes da aprovação. É o que sucede com a continuação da exploração da empresa pelo devedor (art. 202º, nº 1) ou na dação em pagamento dos créditos sobre a insolvência, conversão destes em capital ou transmissão das correspondentes dívidas (art. 202º, nº 2). Há, no entanto, certas situações em que esse consentimento é dispensado (cfr. arts. 202, nº 3, e 203º).

5.7. Admissão do plano de insolvência

Apresentada proposta de plano de insolvência, o administrador da insolvência pode opor-se à admissão da proposta do devedor, podendo a comissão de credores dar acordo a essa oposição (art. 207º, nº 1, *d)*).

Compete ao juiz decidir pela admissão, ou não admissão do plano, devendo rejeitar a proposta nas situações previstas no art. 207º, nº 1, ou seja:

a) Se houver violação dos preceitos sobre a legitimidade para apresentar a proposta ou sobre o conteúdo do plano e os vícios forem insupríveis ou não forem sanados no prazo fixado para o efeito;
b) Quando a aprovação do plano pela assembleia de credores ou posterior homologação pelo juiz forem manifestamente inverossímeis;
c) Quando o plano for manifestamente inexequível;
d) Quando, sendo o proponente o devedor, o administrador da insolvência se opuser à admissão, com o acordo da comissão de credores, se existir, contanto que anteriormente tenha já sido apresentada pelo devedor e admitida pelo juiz alguma proposta de plano.

Conforme salienta Santos Júnior, estão em causa na decisão do juiz sobre a admissibilidade da proposta não apenas considerações de legalidade estrita, mas também de economia processual. Em relação às considerações da legalidade estrita, elas resultam do disposto na alínea *a)*, relativa à violação dos preceitos sobre a legitimidade da proposta ou sobre o conteúdo do plano, e na alínea *d)*, relativa à apresentação pelo devedor de nova proposta, quando ele já tivesse apresentado previamente uma anterior, sendo que a nova proposta recebe a oposição do administrador, com o acordo da comissão de credores, se existir. Já em relação às considerações de economia processual, as mesmas ocorrem na alínea *b)*, que se refere ao facto de a aprovação do plano pela assembleia de credores ou a sua homologação pelo juiz forem manifestamente inexequíveis, e na alínea *c)*, que abrange a circunstância de o próprio plano ser manifestamente inexequível. Efectivamente, estas alíneas destinam-se a permitir ao juiz rejeitar liminarmente propostas manifestamente inviáveis, independentemente da razão por que foram apresentadas, evitando assim os atrasos que a discussão dessas propostas necessariamente causaria no processo[129].

Da decisão de admissão da proposta de plano da insolvência não cabe recurso (art. 207º, nº 2). Mas já, pelo contrário, cabe manifestamente recurso da decisão que não a admita[130].

5.8. Aprovação do plano de insolvência

Uma vez admitida a proposta de plano de insolvência, são notificados para se pronunciarem sobre a mesma, no prazo de dez dias, a comissão de trabalhadores ou, na sua falta, os representantes dos trabalhadores, a comissão de credores, se existir, o devedor e o administrador da insolvência (art. 208º). A proposta é depois objecto de discussão e votação em assembleia de credores, convocada pelo juiz para o efeito (art. 209º, nº 1). No entanto,

[129] Cfr. Santos Júnior, *O Direito*, 138 (2006), III, pp. 582-583 = *Estudos Dias Marques*, pp. 133-134. Em sentido contrário, Carvalho Fernandes / João Labareda, *Código da Insolvência*, sub art. 207º, nº 2, pp. 758-759, consideram que, em desvio à anunciada *desjudicialização* do processo de insolvência, as alíneas *b)* e *c)* cometem ao juiz "uma sindicação de mérito que vai muito para além do que consubstancia o normal exercício dos poderes jurisdicionais de dirimência de litígios e de controlo da legalidade da actividade desenvolvida no processo". Concordando com o primeiro autor, não nos parece que uma apreciação de mérito exista neste caso, uma vez que a intervenção do juiz é restrita a casos de inexequibilidade manifesta, o que releva antes da economia processual.

[130] Neste sentido, já Menezes Leitão, *Código da Insolvência e da Recuperação de Empresas Anotado*, 10ª ed., Coimbra, Almedina, 2018, sub art. 207º, nº 3, p. 255, e Carvalho Fernandes / João Labareda, *Código da Insolvência*, sub art. 207º, nº 9, p. 760.

a referida assembleia de credores não se pode reunir antes de transitada em julgado a sentença de declaração de insolvência, de esgotado o prazo para a impugnação da lista de credores reconhecidos e da realização da assembleia de apreciação do relatório (art. 209º, nº 2).

O plano pode ser alterado na própria assembleia, sendo submetido a votação com as alterações introduzidas, desde que as mesmas não contendam com o próprio cerne ou estrutura do plano ou com a finalidade prosseguida (art. 210º). Finda a discussão, tem lugar imediatamente a votação, podendo o juiz, no entanto, determinar que a mesma tenha lugar por escrito no prazo de dez dias (art. 211º).

A proposta considera-se aprovada se, estando presentes ou representados um terço dos créditos com direito de voto, recolher simultaneamente mais de dois terços dos votos emitidos e mais de metade dos votos emitidos correspondendo a créditos não subordinados, não se considerando como tal as abstenções (art. 212º, nº 1). São, no entanto, excluídos do direito de voto, nos termos do art. 212º, nº 2, os créditos que não sejam modificados pela parte dispositiva do plano e os créditos subordinados de determinado grau, quando o plano decretar o perdão integral de todos os créditos de grau hierarquicamente inferior e não atribuir qualquer valor económico ao devedor ou aos respectivos sócios, associados ou membros, consoante o caso[131].

Em ordem a garantir a isenção do voto dos credores, o art. 194, nº 3, considera nulo "qualquer acordo em que o administrador da insolvência, o devedor ou outrem confira vantagens a um credor não incluídas no plano de insolvência em contrapartida de determinado comportamento no âmbito do processo de insolvência, designadamente quanto ao exercício do direito de voto".

A deliberação de aprovação do plano de insolvência é objecto de publicação, nos termos do art. 75º (art. 213º).

5.9. Homologação do plano de insolvência

Em seguida à aprovação da proposta, o plano de insolvência deve ser objecto de homologação pelo juiz através de sentença, a qual só deve ser

[131] Na deliberação de aprovação do plano de insolvência os titulares de créditos subordinados têm assim direito de voto (art. 73º, nº 3), só sendo excluídos os créditos referidos no art. 212º, nº 2.

proferida passados dez dias, sobre a respectiva aprovação ou, se o plano tiver sido objecto de alterações na assembleia, sobre a data da publicação da deliberação (art. 214º).

Uma vez que o conteúdo do plano é livremente fixado pelos credores, o controlo jurisdicional do mesmo é limitado a questões de legalidade. A não homologação do plano de insolvência pode ocorrer oficiosamente ou a requerimento dos interessados.

Relativamente à não homologação oficiosa, estabelece o art. 215º que o juiz deve recusar oficiosamente a homologação, em caso de violação não negligenciável de regras procedimentais ou das normas aplicáveis ao seu conteúdo, qualquer que seja a sua natureza, e ainda quando, no prazo razoável que estabeleça, não se verifiquem as condições suspensivas do plano, ou não sejam praticados os actos ou executadas as medidas que devam preceder a homologação (cfr. art. 201º). O juiz rege-se aqui por considerações de legalidade, mas apenas pode recusar a homologação em caso de "violação grave, não negligenciável" das regras procedimentais ou do conteúdo do plano. Violações consideradas menores, que não ponham em causa o interesse do devedor e dos credores afectados não constituirão causa suficiente para que o juiz possa recusar a homologação do plano[132].

Alguma jurisprudência tem considerado não constituir obstáculo à homologação do plano de insolvência a violação do art. 30º da LGT, na hipótese de o plano determinar a afectação dos créditos tributários, uma vez que a consequência da violação do art. 30º LGT não residiria na não homologação do plano, mas antes na sua ineficácia em relação aos credores tributários[133]. Já outra jurisprudência entende que, embora seja um caso de nulidade do plano, a mesma apenas afecta o segmento que prevê a redução ou alteração dos créditos tributários, pelo que o Tribunal apenas pode conceder a homologação sem esse segmento após ter sido dada oportunidade aos credores para se pronunciarem sobre se mantêm o plano com esta alteração[134]. Parece-nos ser esta última a melhor solução.

[132] Neste sentido, cfr. Carvalho Fernandes / João Labareda, *Código da Insolvência*, sub art. 215º, nº 5, pp. 781-782 e Santos Júnior, *O Direito*, 138 (2006), III, pp. 584 = *Estudos Dias Marques*, p. 135.

[133] Neste sentido, cfr. Ac. 13/11/2014 (Fonseca Ramos), processo 217/11.2TBBGC-R.P1.S1, Ac. STJ 24/3/2015 (Ana Paula Boularot), processo 664/10.7TYVNG.P1.S1 e Ac. STJ 17/4/2018 (Pinto de Almeida), processo 5781/16.7T8VIS-D.C1.S1.

[134] Cfr. Ac. STJ 3/11/2015 (Salreta Pereira), processo 12/12.1TYLSB-I-L1.S1.

Relativamente à não homologação a requerimento dos interessados, prevê o art. 216º, nº 1, que o juiz deve recusar a homologação a requerimento de interessados nessa não homologação, contanto que o requerente demonstre em termos plausíveis, e em alternativa, que:

a) A sua situação ao abrigo do plano é previsivelmente menos favorável do que a que interviria na ausência de qualquer plano, designadamente face à situação resultante de acordo já celebrado em procedimento extrajudicial de regularização de dívidas[135];

b) O plano proporciona a algum credor um valor económico superior ao montante nominal dos seus créditos sobre a insolvência, acrescido do valor das eventuais contribuições que ele deva prestar.

A lei exige em relação a qualquer destes requisitos, não uma prova absoluta, mas um mero juízo de plausibilidade ou probabilidade, que funcione como justificação para a decisão do juiz. Em relação ao primeiro requisito, a apreciação do juiz torna-se mais complexa, uma vez que está em causa um juízo de prognose da futura situação do interessado, em comparação com a situação hipotética que lhe adviria na ausência de qualquer plano[136]. Já em relação ao segundo requisito, a tarefa do juiz encontra-se facilitada, já que, embora possam surgir factores de incerteza, o mesmo assenta primordialmente em elementos certos, bastando a comparação do valor económico proporcionado pelo plano a um credor com o valor nominal dos seus créditos, acrescido das prestações que tenha que suportar[137].

[135] Salienta CATARINA SERRA, *Lições*, p. 321, que esta cláusula é conhecida como *best interest of creditor's test*.

[136] Conforme referem CARVALHO FERNANDES/JOÃO LABAREDA, *Código da Insolvência*, sub art. 216º, nº 7, pp. 786-787, na maior parte dos casos será extremamente difícil provar esse requisito, pois é difícil avaliar *a priori* por comparação o que a massa pode valer em caso de venda universal. Em certos casos, porém, já não será tão difícil, como será o caso, se contra a vontade do credor afectado, se prevê a redução de um crédito que beneficie de garantia real ou de privilégio sobre bens que seriam só por si suficientes para assegurar a satisfação desse crédito. No Ac. RG 22/11/2007 (MANSO RAINHO), na *CJ* 32 (2007), 5, pp. 283-285, considerou-se como menos favorável para o credor um plano de insolvência que, embora lhe atribuísse um pagamento de valor superior ao que resultava da imediata execução de duas hipotecas, só lhe permitiria receber ao fim de 15 anos, quando a liquidação do património do insolvente lhe permitia receber imediatamente.

[137] Cfr., CARVALHO FERNANDES/JOÃO LABAREDA, *Código da Insolvência*, sub art. 216º, nº 9, p. 788 e SANTOS JÚNIOR, *O Direito*, 138 (2006), III, p. 586 = *Estudos Dias Marques*, pp. 136-137.

A legitimidade para a apresentação do requerimento de não homologação é limitada ao devedor, caso este não seja o proponente, e aos credores, sócios, associados ou membros do devedor, exigindo-se sempre como pressuposto prévio, que tenham manifestado nos autos a sua oposição ao plano (art. 216º, nº 1, proémio). No entanto, se o plano tiver sido objecto de alterações na própria assembleia, o requisito da manifestação da oposição é dispensado relativamente a quem lá não tenha estado presente ou representado (art. 216º, nº 2).

O prazo para requerer a não homologação é o prazo supletivo de 10 dias fixado no art. 153º, nº 1, CPC *ex vi* do art. 17º CIRE, que se articula com o prazo mínimo de 10 dias, antes do qual o juiz não pode proferir a sentença de homologação, nos termos do art. 214º[138].

Sendo recusada a homologação do plano de insolvência, naturalmente que este não produz os seus efeitos. Não fica, porém, precludida a possibilidade de ser apresentada posteriormente uma nova proposta de plano de insolvência[139].

5.10. Efeitos da homologação do plano de insolvência

A homologação do plano de insolvência, independentemente do seu trânsito em julgado, desencadeia os seguintes efeitos:

1) Alteração dos créditos sobre a insolvência, nos termos determinados pelo plano, independentemente de tais créditos terem sido, ou não, reclamados ou verificados (art. 217º, nº 1);
2) Concessão de eficácia a quaisquer actos ou negócios jurídicos previstos no plano de insolvência, independentemente da forma legalmente prevista, desde que constem do processo, por escrito, as declarações de vontade necessárias de terceiros e dos credores que não o tenham votado favoravelmente, ou que, nos termos do plano, devessem ser emitidas posteriormente à aprovação, prescindindo-se do consentimento do devedor, sempre que este não seja obrigatório e da nova sociedade ou sociedades a constituir (art. 217º, nº 2);
3) Atribuição de título bastante para a constituição de novas sociedades, bem como para a transmissão dos bens a estas e realização

[138] Neste sentido, cfr. o Ac. RP 15/11/2007 (Deolinda Varão) na *CJ* 32 (2007), 5, pp. 175-178.

[139] Neste sentido, cfr. Ac. STJ 5/7/2016 (Fernandes do Vale), processo 1041/12.0TBGMR-I.G1.S1.

dos respectivos registos (art. 217º, nº 3 *a*)), e ainda para a redução ou aumento de capital, modificação dos estatutos, transformação, exclusão de sócios e alteração dos órgãos sociais da sociedade devedora, bem como para realização dos respectivos registos (art. 217º, nº 3, *b*)).

Verificando-se a alteração dos créditos sobre a insolvência em virtude do plano, não são, no entanto, afectados os direitos dos credores da insolvência contra os condevedores ou os terceiros garantes da obrigação, mas estes sujeitos apenas poderão agir contra o devedor em via de regresso, nos termos em que os credores da insolvência pudessem exercer contra ele os seus direitos (art. 217º, nº 4). A jurisprudência efectuou, no entanto, inicialmente uma interpretação restritiva desta disposição, considerando que, se for alterado através do plano de insolvência o prazo de pagamento do crédito avalizado, tal pode ser invocado pelo avalista para invocar que ainda não se encontra vencida a sua obrigação[140]. Mais tarde considerou, porém, que a aprovação de um plano de insolvência, com moratória para pagamento da dívida, não pode ser invocada pelo avalista em seu benefício[141]. Parece-nos ser esta última a melhor solução.

5.11. A execução do plano de insolvência

O plano de insolvência determinará o encerramento do processo, com o trânsito em julgado da decisão que o homologa, se a isso não se opuser o conteúdo dele (art. 230º, nº 1, *b*)). Em princípio, o encerramento do processo apenas ocorrerá no caso de o plano de insolvência se traduzir em medidas de recuperação da empresa insolvente, dado que, se este consistir antes num meio alternativo de liquidação, o processo não poderá ser encerrado[142]. Baseando-se o encerramento do processo na homologação de um plano de insolvência que preveja a continuidade de sociedade comercial, esta retoma a sua actividade, independentemente de deliberação dos sócios (art. 234º, nº 1).

[140] Cfr. Ac. RL 24/4/2012 (Araújo de Barros), processo 1248/10.5TBBCL-A.G2.

[141] Neste sentido, cfr. Ac. STJ 30/10/2014 (Silva Gonçalves), processo 16/13.7TBSCF-A.L1.-A.S1.

[142] Neste sentido, Carvalho Fernandes/João Labareda, *Código da Insolvência*, sub art. 230º, nº 7, p. 829, e Santos Júnior, *O Direito*, 138 (2006), III, p. 589, nota (49) = *Estudos Dias Marques*, p. 140, nota (50) e na jurisprudência Ac. STJ 1/7/2014 (Hélder Roque), processo 504/10.7TCGMR.S1.

O encerramento do processo de insolvência em consequência da aprovação do plano de insolvência não prejudica, no entanto, a reclamação e verificação de créditos, prosseguindo até ao final os recursos interpostos da respectiva sentença e as acções cujos autores ou a devedora assim o requeiram no prazo de 30 dias (art. 233º, nº 2, *b) in fine*)[143].

Antes do encerramento do processo, em consequência da aprovação do plano de insolvência, o administrador da insolvência deve proceder ao pagamento das dívidas da massa insolvente. No caso de estas serem litigiosas, esse pagamento deverá ser assegurado por caução, prestada nos termos do CPC (art. 219º).

O plano de insolvência que implique o encerramento do processo pode prever que a sua execução seja fiscalizada pelo administrador da insolvência e que a sua autorização seja necessária para a prática de determinados actos pelo devedor ou pelas novas sociedades, sob pena de ineficácia dos mesmos em relação à massa (art. 220º, nº 1). Neste caso aplica-se com as devidas adaptações o disposto no nº 6 do art. 81º, em consequência ineficazes os actos realizados pelo insolvente sem a necessária autorização,

[143] Tem sido controvertida na doutrina e na jurisprudência quais os efeitos do encerramento do processo de insolvência em virtude da aprovação do plano de insolvência no apenso de verificação e graduação de créditos. Para Carvalho Fernandes/João Labareda, *Código*, sub art. 233º, nºs 10 e 11, pp. 840-841, da norma do art. 233º, nº 2, *b)* apenas resulta a continuição das acções de restituição e separação de bens, não havendo lugar ao prosseguimento da verificação e graduação de créditos que assim se deve considerar extinta. Nesse sentido, se pronunciaram na jurisprudência os Ac. RG 19/2/2013 (Paulo Barreto), processo 1808/12.0TBBRG-D.G1 e Ac. RG 4/6/2013 (António Figueiredo de Almeida), processo 1808/12.0TBBRG-F.G1. Em sentido diferente, Ana Prata/Jorge Morais de Carvalho/ Rui Simões, *Código*, sub art. 233º, p. 645, sustentam que a aprovação do plano de insolvência não prejudica a continuação do apenso de verificação e graduação de créditos. Neste sentido parece ser a posição maioritária da jurisprudência. Cfr. Ac. RP 15/10/2013 (Maria João Areias), processo 1881/12.0TBPNF.P1, Ac. RL 31/10/2013 (Ana Lucinda Cabral), processo 1144/08.6TYLSB.L1-6, Ac. RP 6/2/2014 (Leonel Serôdio), processo 106/11.0TBAMM-B. P1, Ac. RP 28/4/2014 (Manuel Domingos Fernandes), processo 2609/11.8TBPDL-K. P1, Ac. RL 24/9/2015 (Anabela Calafate), processo 3293-12.7TBPDL-H.L1-6, Ac. RE 5/5/2016 (Elisabete Valente), processo 3091/15.6T8STB-B.E1, Ac. STJ 22/11/2016 (José Rainho), processo 4843/10.9TBFUN-B.L1.S1, na CJ-ASTJ 24 (2016), 3, pp. 105-108, e Ac. RL 13/7/2017 (JORGE LEAL), processo 4462/15.3.T8SNT-B.L1-2. Parece-nos igualmente ser esta última a melhor posição, atenta a obrigatoriedade, prevista no art. 209º, nº 3, de o plano de insolvência ter que acautelar os efeitos das decisões tomadas no apenso de verificação e graduação de créditos. Não faria consequentemente sentido que se verificasse a extinção da instância nesse apenso em virtude da aprovação do plano de insolvência.

respondendo a massa insolvente pela restituição do que lhe tiver sido prestado apenas segundo as regras do enriquecimento sem causa, salvo se esses actos, forem celebrados a título oneroso com terceiros de boa fé anteriormente ao registo do plano da insolvência e não forem de algum dos tipos referidos no nº 1 do artigo 121º Esses efeitos não são prejudicados pelo encerramento do processo de insolvência (art. 233º, nº 1).

Pode igualmente ser determinada ao administrador da insolvência a representação do devedor nas acções de impugnação da resolução em benefício da massa insolvente, desde que o plano o faça de modo expresso (art. 220º, nº 3). Nesses casos, o administrador da insolvência e os membros da comissão de credores mantêm-se em funções para esses efeitos e subsiste a fiscalização do juiz, não obstante o encerramento do processo de insolvência (art. 220º, nº 4). Mantêm-se consequentemente certos deveres de informação do administrador de insolvência em relação à comissão de credores e ao juiz (art. 220º, nº 2), tendo aquele direito a remuneração pela sua actividade de fiscalização (art. 220º, nº 5). A fiscalização não se pode prolongar por mais de três anos, terminando ainda logo que estejam integralmente liquidados os créditos sobre a insolvência ou seja declarada a insolvência do devedor ou da nova sociedade ou sociedades noutro processo. O juiz proferirá decisão confirmando o fim do período de fiscalização, a requerimento do administrador da insolvência, do devedor, ou da nova sociedade ou sociedades (art. 220º, nº 6)[144].

Caso o plano de insolvência incumba o administrador da sua fiscalização, poderá determinar que, até certo limite global, os créditos que sejam constituídos durante esse período terão prioridade sobre os créditos sobre a insolvência referentes a outro processo de insolvência, aberto antes de findo o período de fiscalização, desde que essa prioridade lhes seja reconhecida expressamente e por escrito, com indicação do montante abrangido e confirmação pelo administrador da insolvência (art. 221º, nº 1). Essa prioridade é igualmente válida em relação a outros créditos de fonte contratual, constituídos durante o período de fiscalização (art. 221º, nº 2).

Se a execução do plano de insolvência for objecto de fiscalização, a publicação e registo da decisão de encerramento do processo deverão fazer

[144] Conforme salienta SANTOS JÚNIOR, *O Direito*, 138 (2006), III, p. 589, e nota (51) = *Estudos Dias Marques*, p. 140, e nota (52), não deixa de ser, em termos práticos e lógicos, discutível a manutenção da fiscalização do juiz em relação a um processo que é encerrado, cabendo-lhe mesmo dar despacho a confimar o fim do período de fiscalização.

referência a esse facto, divulgando, se for o caso, os actos para cuja prática se exige o consentimento do administrador da insolvência e o limite dentro qual é concedida prioridade a novos créditos (art. 222º, nº 1). Nesse caso, a confirmação pelo juiz do fim do período de fiscalização é objecto de publicação e registo, nos mesmos termos da decisão de encerramento do processo de insolvência (art. 222º, nº 2; cfr. os arts. 1º, nº 1, *q)* CRC e 9º *o)* CRCom). No âmbito do registo civil, decorridos cinco anos após a confirmação do fim do período de fiscalização, são eliminados os averbamentos de factos relativos ao processo de insolvência mediante a elaboração de um novo assento de nascimento (art. 81º-A, nº 1, *b)* CRC).

Na ausência de estipulação do plano de insolvência em sentido diverso, apenas o cumprimento do plano de insolvência exonera o devedor e os responsáveis legais da responsabilidade pelas dívidas remanescentes (art. 197º *c)*), não sendo esse um efeito do trânsito em julgado da sentença que homologa o plano de insolvência[145].

5.12. Incumprimento do plano de insolvência

Sendo incumprido o plano de insolvência pode haver lugar a outro processo de insolvência. Efectivamente, no art. 20º, nº 1, *f)* considera-se como índice de insolvência *o incumprimento das obrigações incluídas no plano de insolvência, a que se referem os arts. 192º e ss., ou no plano de pagamentos, a que se referem os arts. 251º e ss.* Esta solução resulta do facto de a questão do incumprimento desses planos, os quais são aprovados no âmbito de um processo de insolvência, não poder ser resolvida no âmbito desse processo, que é normalmente encerrado com a sua aprovação (arts. 230º, nº 1, *b)* e 259º, nº 4), justificando, por isso, esse incumprimento antes um novo processo de insolvência (cfr. art. 261º, nº 1 *a)*).

Verificando-se o incumprimento do plano de insolvência pelo devedor, serão ainda afectadas a moratória e o perdão de créditos previsto no plano. Assim as mesmas extinguir-se-ão relativamente a crédito em que o devedor se constitua em mora, se a prestação, acrescida dos respectivos juros moratórios, não for cumprida no prazo de 15 dias após interpelação escrita pelo credor (art. 218º, nº 1, *a)*), exigindo-se, no entanto, que esse crédito esteja reconhecido pela sentença de verificação de créditos ou por outra decisão judicial, ainda que não transitadas (art. 218º, nº 2). A extinção da

[145] Cfr. Ac. STJ 1/7/2014 (Hélder Roque), processo 504/10.7TCGMR.S1.

moratória e perdão verificar-se-á uniformemente em relação a todos os créditos se, antes de finda a execução do plano, o devedor for declarado em estado de insolvência noutro processo (art. 218º, nº 1, *b*)). O plano de insolvência poderá ainda contemplar outras situações em que esse fenómeno se verifique (art. 218º, nº 3).

6
O plano de pagamentos

6.1. Generalidades

As pessoas singulares, que não tenham sido titulares de empresas nos últimos três anos de pequena dimensão, ou que, tendo-o sido, não tenham dívidas laborais, possuam um número de credores igual ou inferior a 20, e cujo passivo global não exceda € 300.000 são sujeitas ao regime especial da insolvência de não empresários ou titulares de pequenas empresas, nos termos do art. 249º. Um dos traços típicos desse regime é a exclusão da faculdade de apresentação do plano de insolvência (art. 250º). O mesmo é substituído pela faculdade de apresentação de um plano de pagamentos aos credores (arts. 251º e ss.), o qual constitui um incidente do processo de insolvência[146].

Conforme se escreve no preâmbulo do Código (nº 46), "o incidente do plano abre caminho para que as pessoas que podem dele beneficiar sejam

[146] Sobre o plano de pagamentos, cfr. especialmente José Alberto Vieira, "Insolvência de não empresários e titulares de pequenas empresas", em Ruy de Albuquerque / António Menezes Cordeiro (org.), *Estudos em Memória do Professor Doutor José Dias Marques*, Coimbra, Almedina, 2007, pp. 251-276, e Ana Filipa Conceição, "Disposições específicas da insolvência de pessoas singulares no Código da Insolvência e da Recuperação de Empresas", em Catarina Serra (org.), *I Congresso de Direito da Insolvência*, Coimbra, Almedina, 2013, pp. 29-62 (32 e ss.) Mais uma vez, o legislador se inspira na solução da *Insolvenzordnung* alemã, cujo § 304, Abs. 1, estabelece um regime particular para a insolvência dos consumidores (*Verbraucherinsolvenzverfahren*), considerando como tais aqueles que não exerçam nem tenham exercido actividade económica independente. Esse regime é estendido a outros pequenos processos de insolvência (*sonstige Kleinverfahren*), definidos pelo facto de os credores serem imediatamente identificáveis e não existirem dívidas laborais. O § 304, Abs. 2, *InsO* considera facilmente identificáveis os credores em número inferior a vinte.

poupadas a toda a tramitação do processo de insolvência (com apreensão de bens, liquidação, etc.), evitem quaisquer prejuízos para o seu bom nome ou reputação e se subtraiam às consequências associadas à qualificação da insolvência como culposa". No entanto, deve referir-se que a aprovação do plano de pagamentos não obsta à declaração de insolvência do devedor pessoa singular (art. 259º, nº 1), até porque a apresentação do plano de pagamentos envolve confissão da sua situação de insolvência (art. 252º, nº 4). No entanto, o plano de pagamentos permite evitar a verificação de grande parte dos efeitos associados à declaração de insolvência, como os efeitos na pessoa do devedor, os efeitos sobre os créditos, a administração da massa insolvente, etc[147].

Neste caso, o processo de insolvência adquire uma dupla finalidade, na medida em que deixa de ter como único fim a satisfação do interesse dos credores, visando ainda conferir ao devedor uma possibilidade de obter a exoneração das suas obrigações. O plano de pagamentos deve assim conduzir a um acordo entre o devedor e os seus credores, que passe a regular em termos novos aquelas obrigações. O devedor só terá que cumprir as obrigações resultantes do plano de pagamentos, ficando liberado das anteriores, se o fizer. O plano de pagamentos tem consequentemente a natureza de uma transacção já que, através dele, as partes previnem ou terminam um litígio mediante recíprocas concessões[148].

6.2. Pressupostos do plano de pagamentos

A apresentação do plano de pagamentos depende de o devedor ser uma pessoa singular e, em alternativa, ser um não empresário ou um pequeno empresário. Será considerado como não empresário, se não tiver sido titular da exploração de qualquer empresa nos três anos anteriores ao início do processo de insolvência (art. 249º, nº 1 *a*))[149]. Será considerado pequeno empresário se, à data do início do processo, não tiver dívidas laborais, possuir um número de credores inferior a 20, e o seu passivo global não exce-

[147] Cfr. José Alberto Vieira, *Estudos Dias Marques*, p. 253.

[148] Cfr. Hans-Ulrich Heyer, *Einführung in das Insolvenzrecht*, Oldenburg, Carl von Ossietzky Universität, 2005, pp. 59 e ss.

[149] Os gerentes ou administradores de sociedades comerciais não são, por esse facto, considerados empresários, pelo que podem recorrer ao plano de pagamentos se não forem titulares de qualquer empresa em nome individual. Neste sentido, cfr. Ac. RC 13/10/2015 (Catarina Gonçalves), processo 996/15.8T8LRA-E.C1

der € 300 000 (art. 249º, nº 1, *b*)). No caso de apresentação conjunta de ambos os cônjuges à insolvência, ou instauração do processo contra ambos, estes requisitos têm que se verificar individualmente em relação a ambos os cônjuges (art. 249º, nº 2).

6.3. Apresentação do plano de pagamentos

Verificados os pressupostos do art. 249º, o devedor pode apresentar conjuntamente com o seu pedido de declaração de insolvência um plano de pagamentos aos credores (art. 251º), devendo igualmente ser notificado para esse efeito, no caso de o pedido de insolvência provier de terceiro e esses pressupostos se encontrarem preenchidos (art. 253º). A apresentação do plano de pagamentos pelo devedor não depende consequentemente de quem toma a iniciativa do processo de insolvência. No caso de a insolvência ser requerida pelo devedor, pode ele apresentar o plano de pagamentos juntamente com a petição inicial da insolvência. No caso de a insolvência ser requerida por terceiro, cabe ao devedor decidir se contesta a acção ou apresenta antes um plano de pagamentos, desencadeando a suspensão do processo, com a abertura do incidente respectivo[150].

O plano de pagamentos só pode ser assim apresentado, ou juntamente com a petição inicial, no caso de apresentação à insolvência, ou no prazo para a contestação, quando a insolvência é requerida, devendo ser indeferido por extemporâneo o plano de pagamentos apresentado em qualquer outra altura, designadamente após a sentença de declaração de insolvência[151]. No caso de ser interposto pelo devedor processo especial para acordo de pagamento, nos termos dos arts. 222º-A e ss. e a insolvência venha a ser requerida nesse processo, ao abrigo do art. 222º-G, nºs 3 e 4, prevê-se a concessão ao devedor de prazo para apresentar plano de pagamentos, desde que estejam preenchidos os respectivos pressupostos (art. 222º-G, nº 5).

Nos termos do art. 252º, nº 5, o plano de pagamentos deve ser acompanhado dos seguintes anexos:

a) Declaração de que o devedor preenche os requisitos exigidos pelo art. 249º;
b) Relação dos bens disponíveis do devedor, bem como dos seus rendimentos;

[150] Cfr. José Alberto Vieira, *Estudos Dias Marques*, p. 254.
[151] Cfr. Ac. RL 23/4/2015 (Jorge Leal), processo 3142/12.6YXLSB-F.L1-2

c) Sumário com o conteúdo essencial dessa relação, designado por resumo do activo;
d) Relação por ordem alfabética dos credores e dos seus endereços, com indicação dos montantes, natureza e eventuais garantias dos seus créditos;
e) Declaração de que as informações prestadas são verdadeiras e completas.

Salvo manifesta inadequação ao caso concreto, estes elementos deverão constar de modelo aprovado por portaria do Ministro da Justiça (art. 252º, nº 6), constando os mesmos efectivamente da Portaria 1039/2004, de 13 de Agosto.

O plano de pagamentos e os seus anexos são apresentados em duas cópias, uma das quais se destina ao arquivo do tribunal, ficando a outra na secretaria judicial para consulta dos interessados; tratando-se de documentos digitalizados, são extraídas pela secretaria duas cópias para os mesmos efeitos (art. 252º, nº 7).

Considera-se que desiste da apresentação do plano de pagamentos o devedor que, uma vez notificado pelo tribunal, não forneça no prazo fixado os elementos indicados no art. 252º, nº 5 que haja omitido inicialmente (art. 252º, nº 8).

6.4. Conteúdo do plano de pagamentos

Nos termos do art. 252º, nº 1, o plano de pagamentos reveste a natureza de uma proposta contratual escrita, devendo ser formulada pelo devedor em termos que permitam obter o consenso com os seus credores, tomando em consideração o grau de satisfação dos seus direitos perante a efectiva situação patrimonial do devedor.

Em termos de conteúdo, o plano de pagamentos inclui os seguintes elementos:

a) reconhecimento dos créditos existentes;
b) indicação do património e rendimentos do devedor;
c) proposta de satisfação dos direitos dos credores.

O primeiro elemento do plano de pagamentos é o *reconhecimento dos créditos existentes*. Para esse efeito, o devedor deve apresentar uma relação de credores, contendo o montante, natureza e eventuais garantias do crédito (art. 252º, nº 2, 5 *a*)). Essa relação vale como confissão judicial das dívidas (art. 356º CC), independentemente de o plano vir ou não a ser aprovado. O devedor não está, no entanto, impedido de incluir no plano de pagamentos créditos cuja existência ou montante não reconheça, com a previsão de que os montantes destinados à sua liquidação serão objecto de depósito junto do intermediário financeiro, para serem entregues aos respectivos titulares ou repartidos pelos demais credores, depois de dirimida a controvérsia, na sede própria (art. 252º, nº 3). Esses últimos créditos já não se considerarão reconhecidos pelo devedor.

O segundo elemento do plano de pagamentos é a *indicação do património e rendimentos do devedor.* Efectivamente, o devedor deve indicar no plano qual o seu património disponível e quais os seus rendimentos (art. 252º, nº 5, *b*) e *c*)), indicação essa que se desdobra em duas declarações, contendo uma a relação completa do seu património e rendimentos (art. 252º, nº 5, *b*)) e outra, designada resumo do activo, a síntese desses elementos (art. 252º, nº , 5 *c*)).

Finalmente, o terceiro elemento do plano de pagamentos é a *proposta de satisfação dos direitos dos credores,* que acautele devidamente os interesses destes (art. 252º, nº 1). Para esse efeito, "o plano de pagamentos pode designadamente prever moratórias, perdões, constituições de garantias, extinções, totais ou parciais, de garantias reais ou privilégios creditórios existentes, um programa calendarizado de pagamentos ou o pagamento numa só prestação, e a adopção pelo legislador de medidas concretas de qualquer natureza, susceptíveis de melhorar a sua situação patrimonial" (art. 252º, nº 2)[152].

6.5. Efeitos da apresentação do plano de pagamentos

O plano de pagamentos envolve como efeito necessário a confissão de insolvência, ao menos iminente, por parte do devedor (art. 252º, nº 4). Em consequência, independentemente de o plano de pagamentos ser ou não aprovado, a declaração de insolvência irá sempre ser proferida pelo juiz, sem que ocorra a produção de qualquer prova sobre a situação patrimonial do devedor (art. 259º, nº 1 e art. 262º).

152 Cfr. José Alberto Vieira, *Estudos Dias Marques*, pp. 256-257. Na doutrina alemã admite-se mesmo que, quando o devedor não disponha de qualquer património para oferecer aos credores, se limite a propor-lhes o perdão integral das suas dívidas. Essa figura é habitualmente denominada por "plano zero" (*Null-Plan*), o qual, se for aceite, tem a natureza de um contrato de remissão de dívidas (art. 863º, nº 1, CC). Cfr. Heyer, *Einführung*, p. 61.

O plano de pagamentos importa ainda para o devedor a preclusão da possibilidade de obter a exoneração do passivo restante, a menos que este, aquando da apresentação do plano de pagamentos, declare pretender essa exoneração para a hipótese de o plano não ser aprovado (art. 254º)[153].

6.6. Processamento do plano de pagamentos

O plano de pagamentos deve obedecer aos parâmetros do art. 252º e é processado como incidente do processo de insolvência, em apenso ao mesmo processo (art. 263º). Em consequência, terá sempre que ser instaurado um processo de insolvência, para que o devedor possa apresentar aos seus credores uma proposta de plano de pagamentos.

Esse incidente é sujeito a uma apreciação liminar por parte do juiz, nos termos do art. 255º. Assim, se ao juiz se afigurar que é altamente improvável que o plano venha a obter aprovação, dá por encerrado o incidente, sem que da decisão caiba recurso (art. 255º, nº 1, *in principio*) e profere logo sentença declaratória da insolvência, com as legais consequências (art. 255º, nº 2). Já no caso de achar que o plano de pagamentos é susceptível de vir a obter aprovação, determina a suspensão do processo de insolvência até à decisão tomada sobre o plano de pagamentos (art. 255º, nº 1, *in fine*), não impedindo, porém, essa suspensão a adopção das medidas cautelares previstas no art. 31º (art. 255º, nº 3).

Havendo lugar à suspensão do processo de insolvência, são juntas ou extraídas cópias do plano e do resumo do activo para entrega aos credores mencionados no plano (art. 256º, nº 1). Nos termos do art. 256º, nº 2, os credores são notificados por carta registada, acompanhada desses elementos, devendo constar do acto a indicação de que:

a) Dispõem de 10 dias para se pronunciarem, sob pena de se ter por conferida a sua adesão ao plano;

[153] A lei não indica o lugar onde o devedor deve fazer essa declaração, cuja exigência dificilmente se compreende, dado que o art. 23º, nº 2, *a)* determina que na própria petição inicial de insolvência deve sempre o devedor pessoa singular tomar posição sobre se pretende ou não a exoneração do passivo restante, e o plano de pagamentos é apresentado conjuntamente com a petição inicial (art. 251º). Para Carvalho Fernandes/João Labareda, *Código da Insolvência*, sub art. 254º, nº 3, p. 887, a declaração deve ser feita no próprio requerimento do plano, atento o facto de os anexos referidos no art. 252º, nº 6, e constantes da Portaria 1039/2004, de 13 de Agosto, não preverem essa declaração.

b) Devem, no mesmo prazo, corrigir as informações relativas aos seus créditos constantes da relação aprovada pelo devedor, sob pena de, em caso de aprovação do plano, se terem por aceites tais informações e perdoadas quaisquer outras dívidas cuja omissão não seja por esse credor devidamente reportada;

c) Os demais anexos ao plano estão disponíveis para consulta na secretaria do tribunal.

Resulta assim que, caso exista qualquer incorrecção relativamente aos créditos (natureza, montante, prazo de vencimento ou garantias), os credores deverão apresentar contestação no prazo de 10 dias, sob pena de os créditos ficarem com as características referidas na proposta, e de se considerarem perdoadas quaisquer outras dívidas não denunciadas pelo credor[154].

No caso de algum credor contestar a natureza, montante ou outros elementos do seu crédito, tal como configurados pelo devedor, ou invocar a existência de outros créditos de que seja titular, é o devedor notificado para, no prazo máximo de 10 dias, declarar se modifica ou não a relação de créditos (art. 256º, nº 3, *in principio*).

O devedor pode, perante a contestação do credor, tomar várias posições. A primeira é aceitar modificar a relação de créditos nos termos por ele referidos, corrigindo as informações prestadas ou reconhecendo os créditos omissos. A segunda é recusar qualquer modificação ou efectuar uma correcção meramente parcial, caso em que só ficam abrangidos pelo plano de pagamentos os créditos cuja existência seja reconhecida pelo devedor, e apenas na parte por ele aceite, caso subsista divergência quanto ao montante, ou se for exacta a indicação feita pelo devedor, caso subsista divergência quanto a outros elementos (art. 256º, nº 3, *in fine*). A lei não esclarece, no entanto, o que sucede caso o devedor omita qualquer resposta à oposição do credor, no prazo para que foi notificado. Com algumas dúvidas, parece-nos que neste caso a sua omissão deve funcionar como reconhecimento do crédito, nos termos da contestação que o credor apresentou[155].

[154] Assim, se por exemplo o credor tivesse dois créditos, um de € 10 000 e outro de € 8 000, beneficiando o primeiro de um penhor e o devedor se limitasse a indicar um crédito não garantido de € 10 000, a omissão de contestação pelo credor teria como efeito, quer a extinção do segundo crédito, quer a extinção da garantia no primeiro.

[155] Nessa hipótese, os restantes deverão ser notificados da modificação do plano de pagamentos resultante do silêncio do devedor, para os efeitos do art. 256º, nº 5.

As eventuais modificações ou acrescentos a que o devedor proceda na relação de créditos serão notificadas, quando necessário, aos credores para novo pronunciamento quanto à adesão ao plano, entendendo-se que mantêm a sua posição os credores que nada disserem, no prazo de 10 dias (art. 256º, nº 5).

O credor que contestou a indicação do devedor quanto ao seu crédito e não o viu modificado nos termos pretendidos, não está inibido de discutir a questão em acção judicial própria, podendo igualmente requerer a insolvência do devedor noutro processo, com fundamento nesse crédito (cfr. art. 261º, nº 1, *b)* e *c)*)[156].

Pode, porém, acontecer que o devedor não inclua na relação de créditos a menção a alguns dos seus credores. Neste caso, os referidos credores não serão notificados para o plano de pagamentos, pelo que ficarão fora do processo, não se verificando em relação a eles a extinção dos créditos em virtude da sua falta de oposição ao plano. Esses credores poderão, por isso, instaurar contra o devedor outro processo de insolvência, sem que a declaração de insolvência proferida no primeiro processo suspenda ou extinga a instância do segundo (art. 261º, nº 2)[157].

Pode ainda ser dada oportunidade ao devedor para modificar o plano de pagamentos, no prazo de cinco dias, quando tal for tido por conveniente em face das observações dos credores ou com vista à obtenção de acordo para pagamento das dívidas (art. 256º, nº 4). A lei não refere a quem compete atribuir essa oportunidade, devendo entender-se que essa competência é do juiz, face aos poderes que lhe são atribuídos pelo art. 258º. O juiz concederá essa oportunidade ao devedor, notificando-o para o efeito, caso considere que por essa via se poderão ultrapassar as divergências entre o devedor e os credores relativamente à existência e montante dos créditos[158].

[156] Cfr. José Alberto Vieira, *Estudos Dias Marques*, p. 259.

[157] Josè Alberto Vieira, *Estudos Dias Marques*, pp. 261-262, admite, porém, que em alternativa possam os credores não incluídos no plano de pagamentos solicitar a sua intervenção nesse processo através do incidente de intervenção principal espontânea (arts. 320º e ss. CPC). Parece-nos, no entanto, esse incidente como absolutamente inútil, já que, se o devedor não reconhecer o crédito, ele nunca será abrangido pelo plano de pagamentos. Por outro lado, o plano de pagamentos constitui uma proposta do devedor aos credores por ele reconhecidos, não podendo outros credores pretender a modificação dessa proposta, restando-lhes solicitar autonomamente a insolvência.

[158] Neste sentido, Carvalho Fernandes/João Labareda, *Código da Insolvência*, sub art. 256º, nº 7, p. 893.

Uma vez que se trata de uma mera possibilidade de concessão de nova oportunidade ao devedor, a mesma não constitui um poder vinculado do tribunal, tratando-se antes de um poder discricionário, cujo não exercício não implica a violação de qualquer direito do devedor[159].

6.7. Aprovação do plano de pagamentos

O plano de pagamentos será considerado aprovado se nenhum dos credores o tiver recusado, ou se a aprovação de todos os que se oponham vier a ser objecto de suprimento (art. 257º, nº 1) Daqui resulta que a aprovação pelos credores do plano de pagamentos pode resultar, para além do caso óbvio da sua declaração de concordância[160], quer do seu silêncio em relação à proposta (art. 218º CC), quer do facto de a declaração de rejeição do plano vier a ser substituída pela aprovação, através de suprimento judicial[161]. Exige-se, no entanto, por qualquer das vias unanimidade dos credores em relação à aprovação do plano de pagamentos. Face ao disposto no art. 250º, não é aplicável ao plano de pagamentos a disposição do art. 212º, nº 2, relativa ao plano de insolvência, não se excluindo assim qualquer credor do direito de voto[162].

O art. 257º, nº 2 considera que existe oposição ao plano sempre que: *a)* os credores o tenham recusado expressamente; *b)* quando, por forma não aceite pelo devedor, tenham contestado a natureza, montante ou outros elementos dos seus créditos relacionados pelo devedor, ou invocado a existência de outros créditos. *A contrario*, considerar-se-á que aceitam o plano os credores que não tenham emitido qualquer dessas declarações[163]. Não

[159] Neste sentido, cfr. Ac. RL 20/9/2018 (António Moreira), processo 22690/17.5T8SNT-A.L1-2.

[160] A declaração de concordância do credor tem que ser plena, não se admitindo a possibilidade de a esta serem apostas condições. Neste sentido, cfr. Ac. RE 25/5/2017 (Francisco Matos), processo 7665/16.0T8STB-A.E1.

[161] Em caso de rejeição, a declaração do credor tem que ser objecto de suprimento judicial, não se admitindo a possibilidade de o mesmo posteriormente mudar de opinião. Cfr. Ac. RE 22/9/2016 (Canelas Brás), processo 472/16.1T8EVR-A.E1.

[162] Cfr. Ac. RL 3/3/2016 (Ilídio Sacarrão Martins), processo 2691/15.9T8BRR-A.L1-8 e Ac. RL 27/10/2016 (António Santos), processo 4582-15.4T8BRR-A.L1-6. Em sentido contrário, sustentando não poder ser homologado por violação do art. 212º, nº 2, *a)* um plano de pagamentos aprovado com o voto do credor hipotecário, Ac. RG 24/5/2018 (Alexandra Rolim Mendes), processo 5900/17.6T8VNF.G1.

[163] José Alberto Vieira, *Estudos Dias Marques*, p. 265, entende, porém, que os credores poderão aceitar o plano de pagamentos sob reserva, sem prejuízo de contestarem algum

são, no entanto, abrangidos pelo plano de pagamentos os créditos que não hajam sido relacionados pelo devedor, ou em relação aos quais não tenha sido possível ouvir os respectivos titulares, por acto que não lhes seja imputável (art. 257º, nº 3).

A oposição de alguns dos credores ao plano de pagamentos pode ser objecto de suprimento judicial. Efectivamente, dispõe o art. 258º, nº 1, que, se o plano de pagamentos tiver sido aceite por credores cujos créditos representem mais de dois terços do valor total dos créditos relacionados pelo devedor, pode o tribunal, a requerimento de algum desses credores ou do devedor, substituir a rejeição dos demais credores pela aprovação[164]. Para isso, é, no entanto, necessário que se verifiquem os seguintes pressupostos:

a) Que para nenhum dos oponentes decorra do plano uma desvantagem económica superior à que, mantendo-se idênticas as circunstâncias do devedor, resultaria do prosseguimento do processo de insolvência, com liquidação da massa insolvente e exoneração do passivo restante, caso esta tenha sido solicitada pelo devedor em condições de ser concedida[165];

b) Que os oponentes não sejam objecto de um tratamento discriminatório injustificado[166];

c) Que os oponentes não suscitem dúvidas legítimas quanto à veracidade ou completude da relação de créditos apresentada pelo devedor, com reflexos na adequação do tratamento que lhes é dispensado[167].

elemento de um crédito relacionado pelo devedor, ou indicarem outros créditos, caso em que os mesmos não ficarão abrangidos pelo plano de pagamentos. Mais uma vez, não nos parece que lhe assista razão. O plano de pagamentos é uma proposta contratual do devedor aos credoes, que tem que ser objecto de aceitação pura e simples por estes. Qualquer modificação, limitação ou aditamento equivale à rejeição do plano de pagamentos (cfr. art. 233º CC).

[164] Deve entender-se que o prazo para apresentação desse requerimento é de dez dias, nos termos dos arts. 17º CIRE e 149º, nº 1, CPC.

[165] Compete aos oponentes demonstrar esta situação, nos termos gerais do art. 242º, nº 2, CC, uma vez que se trata de um facto impeditivo da pretensão do devedor. Neste sentido, cfr. Ac. RE 3/12/2015 (Sílvio Sousa), processo 1314/15.0T8STR-A.E1.

[166] No Ac. RE 22/2/2018 (Elisabete Valente, vencida Florbela Lança), processo 1236/17.0T8STB-A.E2, considerou-se não poder ser objecto de suprimento judicial por discriminatório o plano de pagamentos que decretasse uma redução dos créditos comuns, mantendo intacto o crédito hipotecário.

[167] Neste caso, dispõe o art. 258º, nº 2, que a apreciação da oposição não envolve decisão sobre a efectiva existência, natureza, montante e demais características dos créditos controvertidos.

Pode, em qualquer caso, ser suprida pelo tribunal a aprovação do credor que se tenha limitado a impugnar a identificação do crédito, sem adiantar quaisquer elementos em relação à sua configuração (art. 258º, nº 3).

Não cabe recurso da decisão do tribunal que indefira o pedido de suprimento da aprovação de qualquer credor (art. 258º, nº 4).

6.8. Termos subsequentes à aprovação

Após a aprovação do plano de pagamentos, ou obtido o suprimento judicial da mesma, o juiz procede à homologação do plano por sentença. Após o seu trânsito em julgado, declara igualmente a insolvência do devedor no processo principal, mas desta sentença constarão unicamente as menções referidas nas alíneas *a)* e *b)* do nº 1 do art. 36º, sendo aplicável o disposto na alínea *a)* do nº 7 do art. 39º (art. 259º, nº 1). Ambas as sentenças são, neste caso, notificadas apenas aos credores constantes da relação fornecida pelo devedor (art. 259º, nº 2).

O recurso de qualquer das referidas sentenças e a oposição por embargos à sentença que declare a insolvência são limitados aos credores que tenham visto judicialmente suprida a sua oposição ao plano de pagamentos, sendo que a revogação da sentença que decreta a insolvência determina igualmente a ineficácia do plano (art. 259º, nº 3). Estes credores apenas poderão impugnar a sentença de homologação do plano de pagamentos por via de recurso. Já em relação à sentença que decreta a insolvência, podem reagir, não apenas por via de recurso, mas também por meio de embargos, nos termos dos arts. 40º e ss. Nos termos gerais, os embargos estarão reservados para os casos em que o embargante alegue factos ou requeira meios de prova que não tenham sido atendidos em tribunal (art. 40º, nº 2). Já o recurso baseia-se na circunstância de, face aos elementos apurados, a insolvência não dever ter sido proferida (art. 42º, nº 1).

O trânsito em julgado das sentenças de homologação do plano de pagamentos e de decretamento da insolvência determina o encerramento do processo de insolvência (art. 259º, nº 4). Nem as referidas sentenças nem a decisão de encerramento do processo são objecto de qualquer publicidade ou registo (art. 259º, nº 5), não sendo aplicável, portanto, neste caso, a publicidade estabelecida no art. 38º.

6.9. Consequências da não aprovação ou da revogação do plano de pagamentos

Se o plano de pagamentos não obtiver aprovação ou a sentença de homologação for revogada em via de recurso, são logo retomados os termos do processo de insolvência através da prolação de sentença de declaração de insolvência nos termos dos arts. 36º ou 39º, consoante o caso (art. 262º). Como a lei não prevê a apresentação de novo plano de pagamentos fora dos momentos referidos nos arts. 251º e 253º, não é admissível a apresentação de um novo plano de pagamentos, após a rejeição de um plano anterior[168].

6.10. Consequências do decretamento da insolvência com aprovação do plano de pagamentos

Sendo decretada a insolvência com aprovação do plano de pagamentos, o devedor fica apenas vinculado a cumprir as obrigações constantes do plano, nos termos que este estabelecer. Normalmente essas obrigações passam em virtude desse acordo a ser reduzidas ou reguladas em termos novos. As obrigações anteriores vêm assim a ser extintas e substituídas pelas novas[169].

Para além disso, a declaração da insolvência com aprovação do plano de pagamentos reduz consideravelmente o impacto que a insolvência tem na situação pessoal e patrimonial do devedor. Efectivamente, não só é omitida qualquer publicidade à situação de insolvência (art. 259º, nº 5), como também o devedor mantém intactas as faculdades de administração e disposição dos seus bens, não se produzindo qualquer dos efeitos normalmente associados à declaração de insolvência (arts. 259º, nº 1, e 39º, nº 7, *a)*). Assim, por exemplo, deixa de ser fixada residência ao insolvente, não se verifica a apreensão dos seus bens, não é entregue a sua administração ao administrador da insolvência, nem ocorre o vencimento antecipado de dívidas do insolvente.

Parece, no entanto, que, por aplicação analógica do art. 88º, nº 1, enquanto vigorar o plano de pagamentos, serão suspensas todas as execuções por dívidas que hajam sido relacionadas e que integrem o mesmo plano. Tal afecta consequentemente os arrestos, penhoras, arrolamentos ou outras providências decretadas a favor de credores relacionados. Por outro lado, os credores incluídos na relação de créditos ficam impedidos de

[168] Cfr. RE 22/2/2018 (Maria da Graça Araújo), processo 2925/13.4TBLLE-H.E1.

[169] Cfr. HEYER, *Einführung*, p. 62.

instaurar novos processos de execução, relativamente a esses créditos, sem prejuízo do disposto no art. 261º, nº 3. Assim, o decretamento da insolvência com aprovação do plano de pagamentos leva a que os credores só possam exercer os seus direitos em conformidade com o plano de pagamentos[170].

6.11. Incumprimento do plano de pagamentos

As consequências do incumprimento do plano de pagamentos podem ser reguladas no próprio plano (art. 260º, *in principio*). Só na ausência dessa estipulação das partes é que se aplicarão as regras seguintes.

Nos termos do art. 260º, salvo disposição expressa do plano de pagamentos em sentido contrário, é aplicável ao incumprimento do mesmo o regime estabelecido no art. 218º, nº 1, para o incumprimento do plano de insolvência. Assim, a moratória ou o perdão previstos no plano ficam sem efeito:

a) Quanto a crédito relativamente ao qual o devedor se constitua em mora, se a prestação, acrescida dos juros moratórios, não for cumprida no prazo de 15 dias após interpelação escrita pelo credor;
b) Quanto a todos os créditos se, antes de finda a execução do plano, o devedor for declarado em situação de insolvência noutro processo.

Daqui resulta a extinção das moratórias e perdões concedidos, relativamente a qualquer crédito isoladamente considerado, sempre que o devedor não houver cumprido a respectiva obrigação no vencimento, se a mesma, acrescida dos competentes juros moratórios, não vier a ser cumprida no prazo de 15 dias, após interpelação escrita do credor. Essa extinção verificar-se-á, no entanto, em relação a todos os créditos simultaneamente se o devedor vier a ser declarado em situação de insolvência noutro processo.

Não é, no entanto, aplicável ao plano de pagamentos o disposto no art. 218º, nº 2, pelo que os efeitos da mora do devedor não ficam dependentes do facto de os créditos terem sido reconhecidos pela sentença de verificação de créditos ou por qualquer outra decisão judicial, ainda que não transitadas em julgado (art. 260º, *in fine*).

Em consequência do incumprimento do plano de pagamentos, os credores em relação aos quais se verificou o incumprimento, adquirem o direito de requerer a insolvência do devedor noutro processo (art. 261º, nº 1, *a)*).

[170] Cfr. José Alberto Vieira, *Estudos Dias Marques*, p. 268.

6.12. Articulação com outros processos

Sendo o plano de pagamentos um incidente do processo de insolvência destinado à recuperação do devedor, aplicável a não empresários ou a titulares de pequenas empresas, haverá que estabelecer a articulação que possui com o processo especial para acordo de pagamento, no primeiro caso, ou com o processo especial de revitalização, no segundo caso.

Em relação ao processo especial para acordo de pagamento, é a própria lei que refere, no art. 222º-G, nº 5, que, terminando as negociações sem acordo e sendo o parecer do administrador judicial provisório no sentido da insolvência do devedor, o tribunal deve notificar o devedor para, querendo e caso se mostrem preenchidos os respectivos pressupostos, apresentar plano de pagamentos, nos termos dos arts. 249º e ss. Daqui resulta então que o facto de o devedor recorrer ao processo especial para acordo de pagamento, não o inibe, caso venha a ser declarada a sua insolvência, de posteriormente apresentar plano de pagamentos.

Já em relação ao processo de revitalização, a lei não prevê solução semelhante e a jurisprudência tem considerado ser extemporânea a apresentação de um plano de pagamentos, caso a insolvência tenha sido decretada ao abrigo do art. 17º-G, nºs 3 e 4, por considerar já ter sido ultrapassada uma fase negocial no quadro do PER, que antecedeu a declaração de insolvência[171]. Não deixa de ser, no entanto, estranha uma tão grande disparidade de soluções em relação às duas categorias de pessoas que podem recorrer ao plano de pagamentos.

Há ainda que estabelecer a articulação entre o plano de pagamentos que, como se referiu, constitui um incidente do processo de insolvência e outros processos de insolvência. Enquanto estiver a decorrer o incidente do plano de pagamentos, a possibilidade de os credores requererem a insolvência do devedor noutro processo obedece a um regime distinto, consoante se trate de créditos constantes da relação anexa ao plano de pagamentos ou não constantes dessa relação.

Tratando-se de *titulares de créditos constantes da relação anexa ao plano de pagamentos* homologado judicialmente, dispõe o art. 261º, que eles não podem pedir a declaração de insolvência em outro processo, excepto:

[171] Cfr. Ac. RC 13/10/2015 (Catarina Gonçalves), processo 996/15.8T8LRA-E.C1, Ac. RL 3/12/2015 (Maria de Deus Correia), processo 812-15.0T8VFX-B.L1-6, e Ac. RL 22/6/2017 (Francisca Mendes), processo 17989/15.8T8LSB-G.L1-6. Em sentido contrário, veja-se no entanto o Ac. RE 4/2/2016 (Paulo Amaral), processo 7080/15.2T8STB-B.E1.

a) No caso de incumprimento do plano de pagamentos, nas condições definidas no art. 260º;
b) Provando que os créditos têm um montante mais elevado ou características mais favoráveis do que as constantes daquela relação;
c) Por virtude da titularidade de créditos não incluídos na relação, total ou parcialmente, e que não se devam ter por perdoados, nos termos do nº 3 do art. 256º.

Já os *titulares de créditos que não constem da relação anexa ao plano de pagamentos*, podem livremente instaurar e fazer seguir outro processo de insolvência contra o mesmo devedor. Neste caso, em derrogação ao art. 8º, a existência do processo anterior não implica a suspensão da instância, nem resulta qualquer suspensão ou extinção da instância da declaração de insolvência proferida no mesmo processo ao abrigo do art. 259º, nº 1.

São ainda sujeitos ao regime dos titulares de créditos não relacionados os titulares de créditos constantes da relação anexa quando, após o prazo de 10 dias após a notificação ao devedor da contestação pelo credor dos termos em que o crédito foi relacionado, subsista divergência quanto ao montante ou a outros elementos do respectivo crédito (arts. 261º, nº 3, *in principio* e 256º, nº 3). Nesse caso, porém, a insolvência não será decretada nesse processo sem que o requerente faça prova da incorrecção da identificação efectuada pelo devedor (art. 261º, nº 3, *in fine*).

7
A exoneração do passivo restante

7.1. Generalidades

O CIRE institui ainda medidas especiais de protecção do devedor pessoa singular, uma das quais é a exoneração do passivo restante[172]. Através deste instituto, após o património do devedor pessoa singular ter sido liquidado para pagamento aos credores, ou decorridos cinco anos após o encerramento do processo, as obrigações que, apesar dessa liquidação ou decurso desse prazo, não puderem ser satisfeitas, em lugar de subsistirem, são consideradas extintas (art. 235º).

Efectivamente, sendo o devedor pessoa singular, e perante a ausência de outras medidas de recuperação, a lei pretendeu conferir-lhe a possibilidade de obter a exoneração das obrigações que tem perante os credores da insolvência, e que não pudessem ser liquidadas no decurso do processo de insolvência ou nos cinco anos subsequentes, em ordem a evitar que ficasse vinculado a essas obrigações até ao limite do prazo de prescrição, que pode atingir 20 anos (art. 309º CC). As obrigações abrangidas correspondem naturalmente aos créditos sobre a insolvência, uma vez que as

[172] Cfr. Assunção Cristas, "Exoneração do devedor pelo passivo restante", em *Themis*, edição especial (2005), pp. 165-182, Luís A. Carvalho Fernandes, "A exoneração do passivo restante na insolvência de pessoas singulares no Direito Português", em Luís A. Carvalho Fernandes / João Labareda, *Colectânea de Estudos sobre a insolvência*, Coimbra, Almedina, 2009, pp. 275-309, Ana Filipa Conceição, em Catarina Serra (org.), *I Congresso*, pp. 47 e ss. e Paulo Mota Pinto, "Exoneração do passivo restante: fundamento e constitucionalidade", em Catarina Serra (org.), *III Congresso de Direito da Insolvência*, Coimbra, Almedina, 2015, pp. 175-195.

dívidas da massa estão sujeitas a um regime preferencial de pagamento (arts. 51º e 172º)[173].

Esta situação não representa, por outro lado, grande prejuízo para os credores já que, apesar de a exoneração do passivo restante implicar a extinção dos seus créditos, a verdade é que os mesmos já representavam um valor insignificante, dada a situação económica do devedor. Na verdade, o processo de exoneração do passivo restante implica já uma dupla oportunidade de os credores obterem a satisfação dos créditos, uma vez que, após o encerramento do processo de insolvência, e portanto esgotada a função do administrador de insolvência com a repartição do saldo do património actual (*Ist-Vermögen*) pelos credores, ainda se efectua a cessão do rendimento disponível do devedor a um fiduciário durante cinco anos, com a função de o repartir pelos credores (art. 239º), colocando-se assim também o património a adquirir futuramente pelo devedor (*Soll-Vermögen*) durante um longo período igualmente afecto à satisfação dos seus credores[174].

Assim, após a liquidação ou o decurso do prazo de cinco anos sobre o encerramento do processo, o devedor tem a possibilidade de obter um *fresh start* e recomeçar uma actividade económica, sem o peso da insolvência anterior. Efectivamente, a concessão de uma nova oportunidade às pessoas singulares justifica-se, até porque a insolvência pode ter causas que escapam ao seu controlo, como as perdas de rendimento resultantes de desemprego, doença, ou divórcio, nos trabalhadores subordinados, ou o lançamento de um novo negócio, que se revelou não rentável, nos trabalhadores independentes, desempenhando muitas vezes os hábitos de consumo desenfreados também um papel[175], podendo o devedor muitas vezes recompor a sua situação económica se lhe derem a oportunidade de começar de novo.

7.2. Pressupostos da concessão da exoneração do passivo restante

A exoneração do pedido restante só é possível em relação a pessoas singulares, podendo qualquer delas solicitar esse benefício. Os requerentes pode-

[173] Cfr. Luís Carvalho Fernandes, em Carvalho Fernandes / João Labareda, *Colectânea*, p. 276.

[174] Cfr. Heyer, *Einführung*, p. 5.

[175] Cfr. Heyer, *Einführung*, pp. 3-4.

rão assim ser consumidores, mas também comerciantes ou profissionais independentes, como médicos, advogados, arquitectos, etc[176]. A qualquer destas pessoas, dado que a sua responsabilidade se mantém até à prescrição das suas obrigações, a ordem jurídica visa conceder a possibilidade de um novo começo (*fresh start*), sem o peso da insolvência anterior. Já as pessoas colectivas não podem beneficiar da exoneração do passivo restante, nem sequer dela efectivamente necessitam, na medida em que se dissolvem com a declaração de insolvência e vêem a sua personalidade jurídica definitivamente extinta com o registo do encerramento da liquidação[177].

A solicitação da exoneração do passivo restante tem que ser efectuada pelo devedor no requerimento de apresentação à insolvência ou no prazo de 10 dias posterior à citação (arts. 236º, nº 1, primeira parte, e 23º, nº 2, *a)*), devendo, no acto de citação, ser o devedor advertido de que tem essa possibilidade (art. 236º, nº 2). Apesar de o art. 238º, nº 1 *a)* estabelecer que o pedido de exoneração é liminarmente indeferido se for apresentado fora de prazo, a verdade é que resulta do art. 236º, nº 1, parte final, que a rejeição do pedido apenas pode ocorrer se este for apresentado após a assembleia de apreciação do relatório ou, no caso de dispensa da realização desta, após os 60 dias subsequentes à sentença que tenha declarado a insolvência, decidindo o juiz livremente sobre a admissão ou rejeição do pedido apresentado no período intermédio.

Sendo apresentado o pedido de exoneração do passivo restante, têm os credores e o administrador de insolvência a possibilidade de se pronunciarem sobre o mesmo na assembleia de apreciação do relatório ou, quando seja dispensada a realização das mesmas, no prazo de dez dias subsequentes ao decurso do prazo de 60 dias previsto nesse caso para a apresentação do mesmo (art. 236º, nº 4), ainda que a decisão sobre a sua concessão ou não concessão caiba ao Tribunal. A exoneração do passivo restante resulta necessariamente de dois despachos, sendo que o primeiro, denominado despacho inicial, determina a obrigação de cessão do rendimento disponível pelo período de cinco anos após o encerramento do processo (art. 237º, *b)*), e o segundo, denominado despacho de exoneração, determina a concessão definitiva da exoneração, decorrido o mencionado prazo de

[176] A exoneração do passivo restante não é por isso um meio de protecção dos consumidores contra a sua insolvência, na medida em que está aberta a todas as pessoas singulares.
[177] Cfr. HEYER, *Einführung*, p. 57.

cinco anos e verificando-se o cumprimento das obrigações constantes do despacho inicial (art. 237º *c*)).

Do art. 237º, resulta que constituem pressupostos necessários para o Tribunal conceder a exoneração do passivo restante os seguintes:

a) inexistência de motivo para o indeferimento liminar desse pedido, nos termos do art. 238º;
b) seja efectuada a cessão do rendimento disponível do devedor, nos termos do art. 239º, durante os cinco anos posteriores ao encerramento do processo de insolvência, o que deve constar do despacho inicial;
c) não aprovação e homologação de um plano de insolvência;
d) tenha decorrido o prazo de cinco anos posterior ao encerramento do processo e tenham sido cumpridas efectivamente as condições previstas no despacho inicial, o que é verificado pelo juiz no despacho de exoneração.

O primeiro pressuposto para a concessão da exoneração do passivo restante é que não se verifique qualquer dos casos de indeferimento liminar previstos no art. 238º. Examinaremos *infra* esses casos.

O segundo pressuposto para a concessão da exoneração do passivo restante é o de que seja efectuada a cessão do rendimento disponível do devedor, nos termos do art. 239º, durante os cinco anos posteriores ao encerramento do processo de insolvência, o que deve constar do despacho inicial. Na verdade, a cessão do rendimento disponível é uma condição necessária à concessão da exoneração do passivo restante, pelo que o devedor que a ela não proceda não pode beneficiar do mesmo.

O terceiro pressuposto para a concessão da exoneração do passivo restante é a não aprovação e homologação de um plano de insolvência. Efectivamente, o plano de insolvência ao determinar medidas de recuperação do devedor, impede que a este possa ser concedida a exoneração do passivo restante, que se tem assim que se considerar subsidiária em relação àquele.

Finalmente, é pressuposto da concessão da exoneração do passivo restante que tenha decorrido o prazo de cinco anos posterior ao encerramento do processo e tenham sido cumpridas efectivamente as condições previstas no despacho inicial, o que é verificado pelo juiz no despacho de exoneração. A exoneração não resulta assim automaticamente do decurso do prazo, ficando dependente da avaliação que o juiz fizer em relação ao cumprimento do disposto no despacho inicial.

7.3. Indeferimento liminar do pedido

Constitui um obstáculo à concessão da exoneração do passivo restante a existência de fundamento para o indeferimento liminar do pedido[178]. Efectivamente, o art. 238º, nº 1, determina que o Tribunal deve indeferir liminarmente o pedido de exoneração do passivo restante se:

a) For apresentado fora de prazo;
b) O devedor, com dolo ou culpa grave, tiver fornecido por escrito, nos três anos anteriores à data do início do processo de insolvência, informações falsas ou incompletas sobre as suas circunstâncias económicas com vista à obtenção de crédito ou subsídios de instituições públicas ou a fim de evitar pagamentos a instituições dessa natureza;
c) O devedor tiver já beneficiado da exoneração do passivo restante nos dez anos anteriores à data do início do processo de insolvência;
d) O devedor tiver incumprido o dever de apresentação à insolvência ou, não estando obrigado a se apresentar, se tiver abstido dessa apresentação nos seis meses seguintes à verificação da situação de insolvência, com prejuízo em qualquer dos casos para os credores, e sabendo, ou não podendo ignorar sem culpa grave, não existir qualquer perspectiva séria de melhoria da sua situação económica;
e) Constarem já no processo, ou forem fornecidos até ao momento da decisão, pelos credores ou pelo administrador da insolvência, elementos que indiciem com toda a probabilidade a existência de culpa do devedor na criação ou agravamento da situação de insolvência, nos termos do art. 186º;
f) O devedor tiver sido condenado por sentença transitada em julgado por algum dos crimes previstos e punidos nos artigos 227º a 229º do Código Penal nos 10 anos anteriores à data da entrada em juízo do pedido de declaração da insolvência ou posteriormente a esta data;

[178] Conforme escrevemos em MENEZES LEITÃO, *Código da Insolvência*, sub art. 238º, nº 2, p. 288, não julgamos correcto falar-se neste caso em indeferimento liminar, dado que normalmente há que produzir prova dos fundamentos de indeferimento. Neste sentido, cfr., na jurisprudência Ac. RC 27/9/2011 (TELES PEREIRA), na *CJ* 36 (2011), 4, pp. 21-24.

g) O devedor, com dolo ou culpa grave, tiver violado os deveres de informação, apresentação e colaboração que para ele resultam do Código, no decurso do processo de insolvência.

O primeiro fundamento para o indeferimento liminar do pedido de exoneração do passivo restante é a sua apresentação fora de prazo. O prazo para requerer a exoneração do passivo restante é, no requerimento de apresentação à insolvência pelo devedor ou no prazo de dez dias posterior à citação (arts. 236º, nº 1, primeira parte, e 23º, nº 2, *a)*), devendo, no acto de citação, ser o devedor advertido de que tem essa possibilidade (art. 236º, nº 2). No entanto, conforme acima se salientou, apesar de o art. 238º, nº 1 *a)* referir que o pedido de exoneração é liminarmente indeferido se for apresentado fora de prazo, a verdade é que resulta do art. 236º, nº 1, parte final, que a rejeição do pedido apenas ocorrer necessariamente se este for apresentado após a assembleia de apreciação do relatório ou, no caso de dispensa da realização desta, após os 60 dias subsequentes à sentença que tenha declarado a insolvência, decidindo o juiz livremente sobre a admissão ou rejeição do pedido apresentado no período intermédio.

O segundo fundamento de indeferimento liminar reside no facto de o devedor, com dolo ou culpa grave, ter fornecido por escrito, nos três anos anteriores à data do início do processo de insolvência, informações falsas ou incompletas sobre as suas circunstâncias económicas com vista à obtenção de crédito ou subsídios de instituições públicas ou a fim de evitar pagamentos a instituições dessa natureza. Neste caso, o devedor prejudicou com a sua actuação fraudulenta as instituições públicas, o que se considera motivo para que não lhe seja concedida a exoneração do passivo restante.

O terceiro fundamento de indeferimento liminar reside no facto de devedor já ter beneficiado da exoneração do passivo restante nos dez anos anteriores à data do início do processo de insolvência. Efectivamente, apesar de a lei permitir aos devedores um novo começo, não se pretende que os devedores recorram por sistema à exoneração do passivo restante, para o que se estabelece um período de dez anos sobre a última exoneração de que o devedor beneficiou.

O quarto reside no facto de o devedor ter incumprido o dever de apresentação à insolvência ou, não estando obrigado a se apresentar, se tiver abstido dessa apresentação nos seis meses seguintes à verificação da situação de insolvência, com prejuízo em qualquer dos casos para os credores, e sabendo, ou não podendo ignorar sem culpa grave, não existir qualquer perspectiva séria de melhoria da sua situação económica[179].

O quinto fundamento de indeferimento liminar reside no facto de constarem já no processo, ou forem fornecidos até ao momento da decisão, pelos credores ou pelo administrador da insolvência, elementos que indiciem com toda a probabilidade a existência de culpa do devedor na criação ou agravamento da situação de insolvência, nos termos do art. 186º. Conforme resulta desta disposição está assim em causa a prática de actos correspondentes ao disposto nos arts. 186º, nºs 2 e 3, adaptáveis por força do nº 4 da mesma disposição[180]. Por força do art. 186º, nº 1, esses actos têm, no entanto, que ser praticados nos três anos anteriores à data do início do

179 Sustentou-se no Ac. RP 6/10/2009 (Sílvia Pires), em *CJ* 34 (2009), 4, pp. 184-186, que, para fundamentar o indeferimento liminar do pedido de exoneração do passivo restante, o incumprimento deste prazo tem que resultar claro dos autos e ser cumulativo com a evidência de que o atraso na apresentação prejudicou os interesses dos credores, sabendo o insolvente ou não podendo ignorar, sem culpa grave, que inexistia qualquer perspectiva de melhoria da sua situação económica. No Ac. RG 12/7/2010 (Maria Luísa Ramos), em *CJ* 35 (2010), 3, pp. 294-297 considerou-se ser de presumir que o atraso, só por si, envolve prejuízo para os credores, atento o avolumar de juros de mora e a desvalorização do capital. Mas esta decisão ficou isolada na jurisprudência, tendo pelo contrário nos Ac STJ 21/10/2010 (Oliveira Vasconcelos), processo 3850/09.9TBVLG-D.P1.S1, Ac. STJ 22/3/2011 (Martins de Sousa), processo 570/10.5TBMGR-B.C1.S1, Ac. STJ 3/11/2011 (Maria dos Prazeres Beleza), processo 85/10.1TBVCD-F.P1.S1, Ac. STJ 24/1/2012 (Fonseca Ramos), processo 152/10.1TB-BRG-E. G1.S1, na *CJ-ASTJ* 20 (2012), I, pp. 55-59, Ac. STJ 19/4/2012 (Oliveira Vasconcelos), processo 434/11.5TJCBR-D.C1.S1, Ac. STJ 19/6/2012 (Hélder Roque), processo 1239/11.9TBBRG-E.G1.S1, Ac. STJ 14/2/2013 (Hélder Roque), processo 3327/10.0TBSTS-D.P1.S1, Ac. STJ 21/3/2013 (Martins de Sousa), processo 1728/11.5TJLSB-B.L1.S1, Ac. STJ 21/1/2014 (Paulo Sá), processo 497/13.9TBSTR-E.E1.S1, e Ac. STJ 27/3/2014 (Orlando Afonso), processo 331/13.0T2STC.E1.S1, se considerado que a apresentação tardia à insolvência não constitui presunção de prejuízo para os credores pelo facto de se terem acumulado juros de mora, competindo aos credores do insolvente e ao administrador a prova efectiva do prejuízo, que não se presume.

180 No Ac. RP 9/1/2006 (Pinto Ferreira) na *CJ* 31 (2006), 1, pp. 160-162 considerou-se não poder beneficiar da exoneração do passivo restante, por não merecer nova oportunidade o devedor que incorreu em insolvência em consequência de especulação bolsista. Da mesma forma, considerou-se no Ac. RE 26/1/2011 (Ribeiro Cardoso), em *CJ* 36 (2011), 1, pp. 257-260, que tendo a insolvência resultado do despedimento com justa causa do trabalhador por se ter apropriado do dinheiro da entidade patronal, deve a mesma considerar-se como culposa para efeitos do art. 186º, nº 2, *a)* e nº 4, o que constitui fundamento para o indeferimento liminar do pedido de exoneração do passivo restante.

processo de insolvência, pelo que não relevam para o efeito actos praticados em momento anterior[181].

O sexto fundamento de indeferimento liminar reside no facto de o devedor tiver sido condenado por sentença transitada em julgado por algum dos crimes previstos e punidos nos artigos 227º a 229º do Código Penal nos dez anos anteriores à data da entrada em juízo do pedido de declaração da insolvência ou posteriormente a esta data. Efectivamente, entende-se não dever poder beneficiar da exoneração do passivo restante o devedor que tem antecedentes criminais em crimes de insolvência dolosa (art. 227º CP), frustação de créditos (art. 227º-A CP), insolvência negligente (art. 228º CP) ou favorecimento de credores (art. 229º CP).

O último fundamento de indeferimento liminar reside no facto de o devedor ter violado, com dolo ou culpa grave, os deveres de informação, apresentação e colaboração que para ele resultam do Código, no decurso do processo de insolvência. Neste caso, a violação pelo devedor dos deveres que para ele resultam do processo de insolvência pode acarretar como sanção o indeferimento liminar da exoneração do passivo restante[182].

A decisão de indeferimento liminar pelo Tribunal deve ser tomada após audição dos credores e do administrador da insolvência na assembleia de apreciação do relatório ou, no caso de dispensa desta, no prazo de 10 dias após o decurso do prazo de 60 dias após a prolação da sentença que declara a insolvência, a menos que o pedido seja apresentado fora de prazo ou constar já dos autos documento autêntico comprovativo de algum dos factos que constituem fundamento de indeferimento (art. 238º, nº 2). Não ocorrendo nenhuma dessas situações, compete a quem pretenda que não seja concedida a exoneração do passivo restante efectuar a prova dos

[181] Neste sentido, cfr. na jurisprudência Ac. STJ 18/1/2018 (ANA PAULA BOULAROT), processo 955/13.5TBVFR.P1.S2.

[182] No Ac. RP 31/5/2007 (GONÇALO SILVANO) na *CJ* 32 (2007), 3, pp. 188-190, considerou-se não infringir estes deveres o devedor que omite a pendência de uma execução no seu requerimento de apresentação à insolvência. Já no Ac. RP 28/9/2010 (JOÃO RAMOS LOPES), em *CDP* nº 35 (Julho/Setembro 2011), pp. 57-68, com anotação favorável de ADELAIDE MENEZES LEITÃO, "Pré-condições para a exoneração do passivo restante – Ac. do TRP de 28.9.2010, Proc. 995/09", *ibid*, pp. 65-68, considerou-se infringir esses deveres o devedor que na petição inicial alega a inexistência de bens susceptíveis de integrar a massa insolvente, o que não corresponde à verdade.

fundamentos de indeferimento liminar, atenta a sua natureza de factos impeditivos da pretensão do devedor (art. 342º, nº 2, CC)[183].

7.4. O despacho inicial

Não sendo caso de indeferimento liminar, é proferido despacho inicial, na assembleia de apreciação do relatório ou nos 10 dias subsequentes a esta ou ao decurso dos prazos previstos no nº 4 do art. 236º (art. 239º, nº 1). O despacho inicial deve ser proferido após audição dos credores e do administrador da insolvência nessa mesma assembleia (art. 239º, nº 2), sendo este o lugar próprio para manifestarem oposição à pretensão do devedor. Sendo proferido o despacho inicial, este é objecto de publicação e registo nos termos previstos para a decisão de encerramento do processo de insolvência (art. 247º). Efectivamente, o art. 1º, nº 1, *o)* do CRC sujeita a registo civil o início deste procedimento, prevendo igualmente o art. 9º *m)* CRCom a sujeição a registo do despacho inicial deste procedimento, quando relativo a comerciantes individuais.

O despacho inicial não representa qualquer decisão relativamente à concessão da exoneração do passivo restante, representando apenas a passagem a uma nova fase processual, denominada período de cessão, onde o devedor é sujeito a determinadas exigências durante cinco anos, findos os quais o juiz tomará decisão final sobre a concessão ou não da exoneração (art. 244º).

O despacho inicial consolida, no entanto, o direito do devedor a ser sujeito ao período de cessão, precludindo a possibilidade de o administrador da insolvência ou os credores manifestarem oposição a essa pretensão, se até esse momento não o tiverem feito, salvo a oposição for baseada em circunstâncias de conhecimento posterior ao despacho inicial ou de verificação superveniente (art. 243º, nº 1, *b)*). O despacho inicial é igualmente afectado se a decisão do incidente de qualificação da insolvência concluir

[183] Neste sentido, cfr. Ac STJ 21/10/2010 (Oliveira Vasconcelos), processo 3850/09.9TBVLG-D.P1.S1, Ac. STJ 6/7/2011 (Fernandes do Vale), processo 7295/08.0TBBRG.G1.S1, Ac. STJ 14/2/2013 (Hélder Roque), processo 3327/10.0TBSTS-D.P1.S1 e Ac. STJ 17/6/2014 (Fernandes do Vale), processo 985/12.4T2AVR.C1.S1. No Ac. RL 12/4/2018 (Maria Manuela Gomes), processo 20463/12.0T2SNT.L1-6, considerou-se, para efeitos do art. 238º, nº 1, *g)* não ser suficiente constar do processo terem os insolventes sido notificados para colaborar com o administrador de insolvência e os autos não indiciarem essa colaboração, tendo que ser demonstrado que actuaram com dolo ou culpa grave.

pela existência de culpa do devedor na criação ou agravamento da situação de insolvência (art. 243º, nº 1, *c*)).

A lei estabelece que, no despacho inicial de concessão de exoneração do passivo restante, nos termos do art. 237º, *b*) o juiz deve determinar o encerramento do processo de insolvência, caso o mesmo ainda não tenha sido declarado (art. 230º, nº 1, *e*)). A doutrina tem vindo, porém, a efectuar uma interpretação restritiva dessa disposição, considerando que, se não verificar a insuficiência da massa, o encerramento do processo de insolvência apenas pode ocorrer com a liquidação e rateio final[184]. Procurando de certa forma responder a essa posição, o D.L. 79/2017, de 30 de Junho, aditou um nº 7 ao art. 233º, estabelecendo que "o encerramento do processo de insolvência nos termos do nº 1 da alínea *e*) do nº 1 do artigo 230º, quando existam bens ou direitos a liquidar, determina unicamente o início do período de cessão do rendimento disponível". Temos assim uma solução estranhíssima, em que ocorre o encerramento do processo apenas para um efeito legal, não se percebendo como se pode então falar de encerramento. Dando conta dessas dificuldades interpretativas, a jurisprudência tem vindo a considerar que o tribunal deve neste caso declarar o encerramento do processo, especificando que, no entanto, se trata de um encerramento apenas para que se inicie o período de cessão do rendimento disponível[185]. Mas já se considerou também na jurisprudência que em virtude desse encerramento do processo, deixa de se aplicar a proibição do art. 8º, podendo ser suspensa a instância, caso se verifique uma causa prejudicial em relação à decisão de exoneração do passivo restante[186].

O art. 6º, nº 6, do D.L. 79/2017 introduziu uma norma transitória ainda mais estranha, estabelecendo que "nos casos previstos na alínea *e*) do nº 1 do artigo 230º do Código da Insolvência e da Recuperação de Empresas, aprovado pelo Decreto-Lei nº 53/2004, de 18 de março, em que não tenha sido declarado o encerramento e tenha sido proferido o despacho inicial de exoneração do passivo restante, considera-se iniciado o período de cessão do rendimento disponível na data de entrada em vigor do pre-

[184] Cfr. Carvalho Fernandes / João Labareda, *Código*, sub art. 230º, nº 6, pp. 828-829, e Alexandre Soveral Martins, *Um curso*, pp. 540-541.

[185] Cfr. Ac. RE 25/1/2018 (Isabel Peixoto Imaginário), processo 774/16.7T8OLH.E1, e Ac. RE 8/3/2018 (Conceição Ferreira), processo 358/16.0TBOLH.E1.

[186] Cfr. Ac. RP 27/6/2018 (Fátima Andrade), processo 6506/11.9TBVNG-G.P1.

sente decreto-lei". Temos assim um caso em que o início do período de cessão do rendimento disponível resulta automaticamente da lei, que o fixa em 1 de Julho de 2017, o que pode afectar as expectativas das partes[187].

7.5. A cessão do rendimento disponível do devedor

O despacho inicial determina a cessão do rendimento disponível do devedor a um fiduciário durante o prazo de cinco anos (art. 239º, nº 2). Apesar de ser controversa a natureza desta cessão do rendimento disponível, tendemos hoje a considerar que existe aqui uma efectiva cessão de bens ou de créditos futuros[188], determinada por decisão judicial, o que implica que sejam aplicados neste caso os arts. 577º e ss. CC (cfr. art. 588º CC).

A cessão do rendimento disponível é estabelecida no despacho inicial, o qual é proferido na assembleia de apreciação do relatório, ou nos dez dias subsequentes (art. 239º, nº 1). Esse despacho determina que "durante os cinco anos subsequentes ao encerramento do processo de insolvência, neste capítulo designado período da cessão, o rendimento disponível que o devedor venha a auferir se considera cedido a entidade, neste capítulo designada fiduciário, escolhida pelo tribunal de entre as inscritas na lista oficial de administradores de insolvência" (art. 239º, nº 2). Assim, os rendimentos que o insolvente venha a adquirir transferem-se, no momento da sua aquisição, para o fiduciário, independentemente do consentimento dos devedores desses rendimentos (art. 577º, nº 1, CC), transmitindo-se igualmente as garantias e outros acessórios dos créditos que não sejam inseparáveis da pessoa do cedente (art. 582º, nº 1, CC).

A cessão do rendimento disponível abrange todos os rendimentos que advenham a qualquer título ao devedor, não se estando, portanto, apenas perante rendimentos em sentido técnico, sendo antes abrangidos quaisquer acréscimos patrimoniais. Assim, se o insolvente receber uma herança durante o período de cessão, o património hereditário que lhe compete deve igualmente considerar-se cedido ao fiduciário. A tal não obsta o art.

[187] No Ac. RP 13/9/2018 (Freitas Vieira), processo 4419/10.0TBVLG-G.P1, não se considerou que as partes sofram prejuízos com essa solução legal. No Ac. RL 27/9/2018 (Eduardo Petersen), processo 3066/12.7TJLSB-F.L1-6, não foi considerada inconstitucional essa solução.

[188] Neste sentido, veja-se Assunção Cristas, *Themis*, edição especial (2005), pp. 174 e ss. (176) e Carvalho Fernandes/João Labareda, *Código da Insolvência*, sub art. 239º, nº 6, p. 860.

2028º, nº 2, dado que a cessão do rendimento disponível constitui uma hipótese legalmente prevista[189].

Há, porém, alguns rendimentos que se encontram excluídos da cessão do rendimento disponível e que portanto não se transmitirão para o fiduciário.

Efectivamente, o art. 239º, nº 3, *a)* exclui em primeiro lugar da cessão do rendimento disponível os créditos a que se refere o artigo 115º cedidos a terceiro, pelo período em que a cessão se mantenha eficaz. Efectivamente, se os rendimentos já tiverem sido objecto de cessão a terceiro nos termos do art. 115º, essa cessão não é afectada, só podendo, no entanto, abranger o período em que a cessão se considera eficaz nos termos desse artigo.

Em segundo lugar, são excluídos da cessão do rendimento disponível, nos termos do art. 239º, nº 3, *b)*, todos os montantes que sejam razoavelmente necessários, quer para "o sustento minimamente digno do devedor e do seu agregado familiar, não devendo exceder, salvo decisão fundamentada do juiz em contrário, três vezes o salário mínimo nacional", quer para "o exercício pelo devedor da sua actividade profissional", quer ainda para "outras despesas ressalvadas pelo juiz no despacho inicial ou em momento posterior, a requerimento do credor". Tem-se entendido que para o cálculo dos rendimentos a excluir da cessão se contam os rendimentos destinados ao sustento dos membros do agregado familiar do insolvente e não apenas os que ele próprio aufira[190].

O critério para a determinação do "sustento minimamente digno do devedor e do agregado familiar" tem sido objecto de alguma controvérsia na jurisprudência, sobre se haveria ou não que aplicar a velha escala da OCDE, denominada escala de Oxford para determinação da capitação dos rendimentos de um agregado familiar, a qual determina o índice 1 para o primeiro adulto do agregado familiar, o índice 0,7 para os restantes adultos, e o índice 0,5 para as crianças[191]. Efectivamente, a jurispru-

[189] É, no entanto, de salientar, que na Alemanha o § 291, Abs. 1, Nr. 2, *InsO*, estabelece um regime especial para os incrementos patrimoniais que o devedor adquira por sucessão, estabelecendo que apenas metade dos mesmos deve ser entregue ao fiduciário.

[190] Neste sentido, cfr. Ac. RP 10 /9/2018 (Maria José Simões), processo 1775/15.8T8AVR-E.P1, onde se considerou que as pensões de alimentos e abonos de família dos seus filhos intregram o rendimento do agregado familiar do devedor para efeitos do art.

[191] Cfr. OECD, "What are equivalence scales?" em https://www.oecd.org/eco/growth/OECD-Note-EquivalenceScales.pdf.

dência veio inicialmente a seguir esse critério[192], o que corresponde na prática à substituição do critério legal, que é claramente casuístico, por um outro critério normativo. Mais recentemente, no entanto, a jurisprudência tem-se vindo a afastar desta orientação, reintroduzindo a valoração casuística desta norma[193], ainda que tomando como referência o valor de um salário mínimo nacional[194] e tendo mesmo rejeitado a aplicação dessa escala no caso da apresentação de ambos os cônjuges à insolvência[195]. Em qualquer caso, tem-se considerado pacífico que os subsídios de férias e de Natal não se mostram necessários para o sustento minimamente digno do insolvente[196].

7.6. Situação jurídica do fiduciário

O fiduciário, embora adquira a propriedade do rendimento disponível objecto de cessão, constitui um proprietário a título fiduciário, tendo o dever de manter em separado do seu património pessoal todas as quantias provenientes de rendimentos cedidos pelo devedor, respondendo com todos os seus haveres pelos fundos que indevidamente deixe de afectar às finalidades a que os mesmos estão sujeitos, bem como pelos prejuízos causados pro essa falta de distribuição (art. 241º, nº 2). O fiduciário tem direito

[192] Cfr. Ac. RC 12/3/2013 (Sílvia Pires), processo 1254/12.5TBLRA-F.C1. e Ac. RL 11/10/2016 (Carla Câmara), processo 1855/14.7TCLRS-7.

[193] Cfr. Ac. RG 17/5/2018 (António Barroca Penha), processo 4074/17.7T8GMR.G1, Ac. e Ac. RL 27/9/2018 (António Santos), processo 15558/16.4T8LSB-B.L1-6.

[194] Efectivamente, no Ac. STJ 18/10/2012 (Tavares de Paiva), processo 80/11.3TBMAC-C.E1.S1, entendeu-se ser de aplicar, por força do art. 738º, nº 3, CPC o limite mínimo de um salário mínimo nacional. No Ac. RE 5/11/2015 (Mata Ribeiro), processo 379/14.7TBSTR-D.E1, entendeu-se, no caso de agregado familiar composto apenas pela pessoa do insolvente, ser adequada a fixação do montante minimamente digno ao sustento do devedor no valor de um salário mínimo nacional. No Ac. RL 22/3/2018 (Pedro Martins), processo 24815/15.6T8LSB-2, considerou-se que o salário mínimo nacional é o da região ou país onde o devedor vive, tendo em consequência, num caso em que o insolvente residia na Alemanha, fixado o valor do salário mínimo nacional desse país.

[195] Assim, no Ac. RL 21/6/2018 (Ferreira de Almeida), processo 10846/15.0T8SNT-C.L1-8, considerou-se que, no caso de apresentação conjunta de ambos os cônjuges à insolvência, deve ser excluído da cessão o montante correspondente a um salário mínimo nacional por cada um deles.

[196] Cfr. Ac. RC 13/5/2014 (Luís Cravo), processo 1734/10.7TBFIG-G.C1, Ac. RG 26/11/2015 (Maria Amália Santos), processo 3550/14.8T8GMR.G1, e Ac. RG 17/5/2018 (António Barroca Penha), processo 4074/17.7T8GMR.G1.

a uma remuneração pela sua função, a qual é fixada num montante correspondente a 10% das quantias objecto da cessão, com o limite máximo de € 5 000 por ano (art. 28º da Lei 22/2013), bem como ao reembolso das suas despesas, nos termos gerais. A remuneração do fiduciário e o reembolso das suas despesas constitui encargo do devedor (art. 240º, nº 1).

O fiduciário tem o dever de notificar a cessão dos rendimentos do devedor àqueles de quem ele tenha direito a havê-los, afectando os montantes recebidos, no final de cada ano em que dure a cessão, sucessivamente: *a)* ao pagamento das custas do processo de insolvência ainda em dívida; *b)* ao reembolso ao organismo responsável pela gestão financeira e patrimonial do Ministério da Justiça das remunerações e despesas do administrador da insolvência e do próprio fiduciário que por aquele tenham sido suportadas; *c)* ao pagamento da sua própria remuneração já vencida e despesas efectuadas; *d)* à distribuição do remanescente pelos credores da insolvência, nos termos prescritos para o pagamento aos credores no processo de insolvência (art. 241º, nº 1). A assembleia de credores pode ainda conferir ao fiduciário o dever de fiscalizar o cumprimento pelo devedor das obrigações que sobre este impendem, com o dever de a informar em caso de violação (art. 241º, nº 3).

7.7. Situação jurídica do devedor

Durante o período de cessão do rendimento disponível o devedor é sujeito pelo art. 239º, nº 4, às seguintes obrigações:

a) Não ocultar ou dissimular quaisquer rendimentos que aufira, por qualquer título, e informar o tribunal e o fiduciário sobre os seus rendimentos e património, na forma e no prazo em que isso lhe seja requisitado;

b) Exercer uma profissão remunerada, não a abandonando sem motivo legítimo, e procurar diligentemente tal profissão quando desempregado, não recusando desrazoavelmente qualquer emprego para que seja apto;

c) Entregar imediatamente ao fiduciário, quando por si recebida, a parte dos seus rendimentos objecto de cessão;

d) Informar o tribunal e o fiduciário de qualquer mudança de domicílio ou de condições de emprego, no prazo de 10 dias após a respectiva ocorrência, bem como, quando solicitado e dentro de igual prazo sobre as diligências realizadas para a obtenção de emprego;

e) Não fazer quaisquer pagamentos aos credores da insolvência a não ser através do fiduciário e a não criar qualquer vantagem especial para algum desses credores.

A obrigação mais importante que resulta para o devedor é a obrigação constante da alínea *b)* que se reconduz a uma *obrigação de aquisição de rendimentos* através do exercício de uma profissão remunerada ou da procura activa dessa profissão. Efectivamente, essa obrigação condiciona as restantes, uma vez que só após a aquisição de rendimentos susceptíveis de penhora é que o devedor os pode entregar ao fiduciário (alínea *c)*). Já as obrigações das alíneas *a)* e *d)* reconduzem-se a deveres acessórios de informação, enquanto que a obrigação da alínea *e)* corresponde à manutenção do dever de respeitar a *par conditio creditorum* durante o período de cessão.

A extensão e o conteúdo da obrigação de aquisição de rendimentos variam em função das circunstâncias pessoais do devedor. Assim, o devedor que tenha crianças menores a cargo pode não ter condições para exercer uma profissão a tempo completo, ficando nesse caso satisfeita a exigência do art. 239º, nº 4, *b)*, com a realização do trabalho a tempo parcial. Um trabalhador com deficiência não estará em condições de aceitar qualquer trabalho, apenas podendo exercer os que forem compatíveis com as suas limitações. Pelo contrário, um devedor que não tenha limitações deverá exercer uma profissão a tempo completo.

A lei estabelece que o devedor não pode abandonar a sua profissão sem motivo legítimo, o que implica uma proibição de este pôr fim à sua relação de trabalho, seja unilateralmente, seja por acordo com o empregador, a menos que tenha uma razão justificada para o fazer. Serão naturalmente razões justificadas os motivos de saúde ou a oferta de melhores condições de trabalho noutra empresa. Apesar de a lei não o referir expressamente, parece que esta obrigação será igualmente violada no caso de o devedor praticar infracções à relação de trabalho que permitam ao empregador o seu despedimento por justa causa. Caso seja controversa a existência de justa causa, o devedor terá, por força desta obrigação, o dever de se opor ao despedimento promovido pelo empregador[197].

Em caso de desemprego, o devedor deverá procurar activamente exercer uma profissão, não recusando desrazoavelmente qualquer emprego

[197] Cfr. HEYER, *Einführung*, pp. 73-74.

para que seja apto. Exige-se neste caso ao devedor a utilização dos meios necessários para a recuperação do emprego, devendo ele empregar todos os seus esforços na busca de emprego, inclusivamente apresentando-se no centro de desemprego ou recorrendo a agências de colocação. O devedor terá ainda que aceitar quaisquer ofertas de emprego para que tenha aptidão, só as podendo rejeitar se a recusa for justificada em termos de razoabilidade.

Uma vez gerados os rendimentos, a parte dos mesmos que seja objecto de cessão deve ser imediatamente entregue pelo devedor ao fiduciário (art. 239º, nº 4, *c)*), quando não seja por este directamente recebida das entidades pagadoras (art. 241º, nº 1). A omissão do fiduciário em notificar as entidades pagadoras não constitui causa justificativa da não entrega dos rendimentos pelo insolvente ao fiduciário[198].

O devedor deverá ainda, durante o período de cessão do rendimento disponível, prestar ao tribunal e ao fiduciário todas as informações sobre os rendimentos que obtenha a qualquer título e sobre o seu património (art. 239º, nº 4, *a)*). A redacção da lei parece permitir uma atitude passiva do devedor em relação a estas informações, parecendo que para que este dever se considerasse cumprido bastaria que ele nada fizesse para ocultar a sua situação patrimonial, apenas tendo que prestar as informações que lhe fossem requisitadas. Entendemos, no entanto, que, até por força do princípio da boa fé, o devedor deverá informar imediatamente o tribunal e o fiduciário se lhe advierem novas rendimentos, designadamente se lhe for atribuída uma herança.

Nos termos do art. 239º, nº 4, *e)*, o devedor está impedido de fazer quaisquer pagamentos aos credores da insolvência, a não ser por intermédio do fiduciário, bem como de criar qualquer vantagem especial para esses credores. Salienta-se que os credores da insolvência são apenas aqueles cujo fundamento seja anterior à data da declaração de insolvência (art. 47º, nº 1), cabendo ao devedor satisfazer as dívidas que futuramente tenham surgido, designadamente os encargos fiscais e da segurança social resultantes dos rendimentos que aufere, os quais devem ser exceptuados pelo juiz da cessão, ao abrigo do art. 239º, nº 3, *b) ii)* e *iii)*. Por outro lado, durante o

[198] Neste sentido Ac. RP 13/9/2018 (Paulo Dias da Silva), processo 1422/11.7TJPRT.P1, que em consequência decretou a cessação antecipada do procedimento de exoneração em virtude de o devedor não ter cumprido a obrigação de entrega dos rendimentos ao fiduciário.

período de cessão, o devedor não se encontra impedido de constituir novas obrigações, podendo, com base no seu rendimento que não foi objecto de cessão, contrair obrigações relacionadas com a sua habitação (empréstimo hipotecário ou arrendamento), comprar bens ou celebrar contratos de seguro. Estas obrigações não se encontram sujeitas ao regime dos créditos sobre a insolvência, podendo ser satisfeitas directamente pelo devedor sem intervenção do fiduciário[199].

Caso o devedor viole, com dolo ou negligência grave, alguma das obrigações acima referidas, prejudicando por esse facto a satisfação dos credores da insolvência, poderá ser requerida por qualquer credor da insolvência, pelo administrador da insolvência, se ainda estiver em funções, ou pelo fiduciário a cessação antecipada do procedimento de exoneração (art. 243º, nº 1, *a)*). O requerimento, no entanto, só pode ser apresentado dentro do ano seguinte à data em que o requerente ou poderia ter tido conhecimento dos factos invocados (art. 243º, nº 2).

7.8. Situação jurídica dos credores

Conforme acima se salientou, o fiduciário tem o dever de ir distribuindo aos credores da insolvência o remanescente dos rendimentos do devedor que vai recebendo (art. 241º, nº 1, *d)*). É esta a única forma pela qual os credores da insolvência podem obter a satisfação dos seus créditos, uma vez que a lei proíbe qualquer execução sobre os bens do devedor enquanto durar a cessão (art. 242º, nº 1), considerando ainda nula a concessão de vantagens especiais a qualquer credor da insolvência, quer pelo devedor, quer por terceiro (art. 242º, nº 2). Para além disso, a compensação entre dívidas da insolvência e obrigações de um credor sobre a insolvência apenas é lícita nas condições em que seria admissível durante a pendência do processo (art. 242º, nº 3). Finalmente, é de salientar que a decisão final de exoneração determina a extinção dos créditos que ainda subsistam na data em que é concedida (art. 245º, nº 1), salvo algumas excepções (art. 245º, nº 2).

É de notar, no entanto, que estas restrições apenas abrangem os credores da insolvência, ou seja, os titulares de créditos de natureza patrimonial sobre o insolvente, ou garantidos por bens integrantes da massa insolvente, cujo fundamento seja anterior à data da declaração de insolvência (art. 47º, nº 1). É irrelevante para este efeito que estes credores tenham ou

[199] Cfr. HEYER, *Einführung*, p. 27.

não procedido à reclamação dos seus créditos no âmbito do processo de insolvência (arts. 128º e ss.). Já os novos credores, cujos créditos se tenham constituído após a declaração da insolvência, não são abrangidos pelo art. 242º, podendo em consequência executar livremente os bens do devedor. Essa faculdade de execução apresenta-se, no entanto, como destituída de efeito prático, uma vez que o devedor não terá em princípio bens penhoráveis, dado que todo o seu activo patrimonial é cedido ao fiduciário, que o afecta à satisfação dos credores da insolvência[200].

Os credores da insolvência têm ainda a possibilidade de controlar os pressupostos da concessão da exoneração do passivo restante, manifestando oposição a essa pretensão do devedor (art. 238º, nº 2), solicitando a cessação antecipada do procedimento de exoneração (art. 243º) ou a revogação da exoneração que tenha sido concedida (art. 246º). O exercício dessa fiscalização pelos credores é obviamente do seu interesse, uma vez que a concessão da exoneração do passivo restante afectará necessariamente uma grande parte ou mesmo a totalidade dos seus créditos, o que só poderá ser evitado com a sua acção de controlo sobre a verificação dos pressupostos legais da mesma[201].

7.9. Cessação antecipada do procedimento de exoneração

A cessação antecipada do procedimento de exoneração verifica-se sempre que o procedimento venha a ser extinto antes de ser concedida ao devedor a exoneração do passivo restante.

Ocorre em primeiro lugar a cessação antecipada do procedimento de exoneração do passivo restante logo que se verifique *a satisfação integral dos créditos sobre a insolvência*. Nesse caso, não se justifica naturalmente a continuação do procedimento, pelo que o juiz deve declarar a sua cessação antecipada, oficiosamente ou a requerimento do devedor (art. 243º, nº 4).

Para além disso, pode ser determinada a cessação antecipada do procedimento de exoneração *sempre que se verifique supervenientemente que o devedor não se mostra digno de obter a exoneração*. Essa situação ocorre nos seguintes casos: *a)* se o devedor tiver dolosamente ou com grave negligência incumprido alguma das obrigações que lhe incumbem em relação à cessão do

[200] Cfr. HEYER, *Einführung*, pp. 72-73.
[201] Cfr. HEYER, *Einführung*, p. 76.

rendimento disponível (art. 243º, nº 1, *a)* e 239º)[202]; *b)* vier a ser apurado supervenientemente algum dos fundamentos de indeferimento liminar previstos nas alíneas *b) e)* e *f)* do art. 238º (art. 243º, nº 1, *b)*); *c)* a decisão do incidente de qualificação de insolvência tiver concluído pela culpa do devedor na criação ou agravamento da situação de insolvência (art. 243º, nº 1, *c)*).

A decisão de cessação antecipada do procedimento de exoneração incumbe ao juiz, a requerimento fundamentado de algum credor da insolvência, do administrador da insolvência, se ainda estiver em funções ou do fiduciário, caso este tenha sido incumbido de fiscalizar o cumprimento das obrigações do devedor (art. 243º, nº 1, *in principio*). O requerimento deve ser apresentado no prazo de um ano a contar da data em que o requerente teve ou poderia ter conhecimento dos fundamentos invocados, devendo ser logo apresentada a respectiva prova (art. 243º, nº 2).

No caso de ter por base o fundamento previsto no art. 243º, nº 1, *c)*, a cessação antecipada surge como consequência natural da decisão do incidente de qualificação da insolvência, pelo que deve ser determinada sem necessidade de mais diligências. Já no caso de ter por base os fundamentos referidos no art. 243º, nº 1, *a)* e *b)*, o juiz deve ouvir o devedor, os credores da insolvência e o fiduciário antes de decidir a questão, sendo a exoneração recusada se o devedor, sem motivo razoável, não fornecer, no prazo que lhe seja fixado informações que comprovem o cumprimento das suas obrigações ou se, devidamente convocado, faltar injustificadamente à audiência em que deveria prestá-las (art. 243º, nº 3).

O despacho de cessação antecipada do procedimento de exoneração deve ser objecto de publicação e registo, nos termos previstos para a decisão de encerramento do processo de insolvência (art. 247º). Efectivamente, o art. 1º, nº 1, *o)* CRC sujeita a registo civil a cessação antecipada do procedimento de exoneração, e o mesmo faz o art. 9º *m)* CRCom em relação ao registo comercial, quando estejam em causa comerciantes individuais. No entanto, se existir registo do despacho inicial relativo ao procedimento de exoneração, o art. 81º-A, nº 2, CRC estabelece que a cessação antecipada

[202] No Ac. RE 27/4/2017 (Isabel Peixoto Imaginário), processo 1425/11.1TBSTB.E1, considerou-se determinar a cessação antecipada do procedimento de exoneração o facto de o devedor não entregar imediatamente ao fiduciário as quantias por si recebidas que tenham sido objecto de cessão, nos termos do art. 239º, nº 4 *c)*.

desse procedimento pode levar à elaboração oficiosa de um novo assento de nascimento, com a eliminação de todas as referências ao processo de insolvência. Essa elaboração oficiosa do novo assento de nascimento ocorre em princípio passados cinco anos sobre o registo da cessação antecipada do procedimento de exoneração (art. 81º-A, nº 2 *c)* CRC), podendo, no entanto, verificar-se imediatamente, caso essa cessação antecipada seja devida à satisfação de todos os créditos sobre a insolvência (art. 81º-A, nº 2, *d)* CRC).

7.10. Concessão da exoneração do passivo restante

No caso de não ter havido lugar a cessação antecipada, compete ao juiz decidir, no prazo de 10 dias após o termo do período de cessão do rendimento disponível se a exoneração do passivo restante é ou não concedida, após audição do devedor, do fiduciário e dos credores da insolvência (art. 244º, nº 1).

Os fundamentos de recusa da exoneração são os mesmos que podem determinar a cessação antecipada do procedimento (art. 244º, nº 2), sendo consequentemente também aqui aplicáveis os pressupostos previstos no art. 243º, nº 1, *a)*, *b)*, e *c)*.

A concessão da exoneração do passivo restante implica a extinção de todos os créditos sobre a insolvência que ainda subsistam à data em que é concedida, sem excepção dos créditos que não tenham sido reclamados e verificados (art. 245º, nº 1)[203]. Não são, porém, afectados os direitos dos credores da insolvência contra os condevedores ou os terceiros garantes da obrigação, perdendo estes, no entanto, em consequência da exoneração a possibilidade de exercer o direito de regresso sobre o devedor (art. 245º, nº 1, *in fine*, e 217º, nº 4). Com esta extinção dos créditos sobre a insolvência permite-se ao devedor um novo começo (*fresh start*), recuperando assim da sua situação de insolvência.

Há, porém, alguns créditos que não são abrangidos pela exoneração do passivo restante, pelo que se mantêm após a mesma ser concedida. São estes, nos termos do art. 244º, nº 2:

[203] Numa posição que não podemos acompanhar, Paulo Mota Pinto, em Catarina Serra (org.), *III Congresso*, pp. 194-195 sustenta que as obrigações do devedor se manterão como obrigações naturais, uma vez que correspondem a um dever de justiça (art. 402º CC).

a) os créditos por alimentos;
b) as indemnizações devidas por factos ilícitos dolosos praticados pelo devedor, que hajam sido reclamados nessa qualidade;
c) os créditos por multas, coimas e outras sanções pecuniárias por crimes ou contra-ordenações;
d) os créditos tributários.

São exclusões muito amplas, especialmente a que abrange os créditos tributários, o que poderá diminuir consideravelmente o interesse da exoneração do passivo restante.

O despacho de concessão da exoneração é objecto de publicação e registo, nos termos previstos para a decisão de encerramento do processo de insolvência (art. 247º). Efectivamente, o art. 1º, nº 1, *o)* CRC sujeita a registo civil a exoneração do passivo restante, e o mesmo faz o art. 9º *m)* CRCom em relação ao registo comercial, quando estejam em causa comerciantes individuais. No entanto, perante o registo civil, se existir registo do despacho inicial relativo ao procedimento de exoneração, o art. 81º-A, nº 2 *a)*, CRC determina que a concessão da exoneração implica a elaboração oficiosa de um novo assento de nascimento, com a eliminação de todas as referências ao processo de insolvência, a realizar imediatamente após o registo da decisão.

7.11. Revogação da exoneração

Mesmo após a concessão da exoneração do passivo restante, a lei admite a sua revogação, caso se prove que o devedor incorreu em alguma das situações previstas nas alíneas *b)* e seguintes do nº 1 do art. 238º, ou violou dolosamente as suas obrigações durante o período da cessão e por algum desses motivos tenha prejudicado de forma relevante a satisfação dos credores da insolvência (art. 246º, nº 1).

A revogação apenas pode ser decretada até ao termo do ano subsequente ao trânsito em julgado do despacho de exoneração (art. 246º, nº 2, *in principio*). Se a mesma for requerida por um credor da insolvência, tem este ainda de provar não ter tido conhecimento dos fundamentos da revogação até ao momento do trânsito (art. 246º, nº 2, *in fine*), devendo o juiz ouvir o devedor e o fiduciário antes da decisão (art. 246º, nº 3).

Sendo decretada a revogação, opera-se a reconstituição integral de todos os créditos sobre a insolvência que tinham sido extintos (art. 246º, nº 4).

O despacho de revogação da exoneração deve ser objecto de publicação e registo, nos termos previstos para a decisão de encerramento do processo de insolvência (art. 247º). Efectivamente, o art. 1º, nº 1, *o)* CRC sujeita a registo civil a revogação da exoneração, e o mesmo faz o art. 9º *m)* CRCom em relação ao registo comercial, quando estejam em causa comerciantes individuais. No entanto, se, no âmbito do registo civil, existir registo do despacho inicial relativo ao procedimento de exoneração, o art. 81º-A, nº 2, *e)* CRC determina a elaboração oficiosa de um novo assento de nascimento, com a eliminação de todas as referências ao processo de insolvência, uma vez passados cinco anos sobre o registo do despacho de revogação da exoneração.

Em qualquer caso, quer a decisão de recusa, quer a de cesssação antecipada podem ser impugnadas por via de recurso.

7.12. Custas na exoneração do passivo restante

O valor da causa no incidente de exoneração do passivo restante é o mesmo do processo de insolvência, sendo fixado pelo valor do activo do devedor indicado na petição inicial, o qual é corrigido logo que se verifique ser diferente o valor real (art. 15º CIRE). Esse valor pode assim ser decisivo para efeitos de recurso, nos termos do nº 1 do art. 629º CPC. A jurisprudência do Tribunal Constitucional tem, no entanto, considerado ser inconstitucional a aplicação dessa regra à exoneração do passivo restante[204].

O art. 248º CIRE estabelece, no entanto, uma forma especial de apoio judiciário no âmbito da exoneração do passivo restante. Efectivamente, dispõe o nº 1 desta disposição que "o devedor que apresente um pedido de exoneração do passivo restante beneficia do diferimento do pagamento das custas até à decisão final desse pedido, na parte em que a massa insolvente e o seu rendimento disponível durante o período da cessão sejam insuficientes para o respectivo pagamento integral, o mesmo se aplicando à obrigação de reembolsar o organismo responsável pela gestão financeira e

[204] Efectivamente, no Ac. TC 328/2012, de 27/6/2012 (Vítor Gomes) foi julgada inconstitucional por violação do princípio da igualdade consagrado no nº 1 do artigo 13º da Constituição, a norma que resulta das disposições conjugadas do artigo 15º CIRE, e do nº 1 do artigo 678º do anterior CPC, interpretados no sentido de que, no recurso de decisões proferidas no incidente de exoneração do passivo restante em processo de insolvência, o valor da causa para efeitos de relação com a alçada do tribunal de que se recorre é determinada pelo ativo do devedor.

patrimonial do Ministério da Justiça das remunerações e despesas do administrador da insolvência e do fiduciário que o organismo tenha suportado".

Sendo concedida a exoneração do passivo restante, as custas e a obrigação de reembolso podem ser pagas em prestações, nos termos gerais (art. 248º, nº 2, e art. 33º RCP). No entanto, se a exoneração for posteriormente revogada, caduca a autorização do pagamento em prestações, e aos montantes em dívida acrescem juros de mora calculados como se o benefício acima referido não tivesse sido concedido, à taxa prevista no nº 1 do artigo 33º RCP (art. 248º, nº 3). Esse benefício afasta a concessão de qualquer outra forma de apoio judiciário ao devedor, salvo quanto à nomeação e pagamento de honorários de patrono (art. 248º, nº 4)[205].

[205] Na jurisprudência já se decidiu, no entanto, que o regime especial de apoio judiciário constante desse diploma não pode afastar o regime geral do apoio judiciário, uma vez que só este pode garantir a tutela jurisdicional efectiva, nos termos do art. 20º, nº 4, da Constituição. Neste sentido, cfr. Ac. RP 16/3/2018 (Filipe Caroço), processo 1525/12.0TBPRD.P1, e Ac. RP 11/9/2018 (José Igreja Matos), processo 1825/12.0TBPRD.P1.

8
Conclusão

O actual regime português relativo à recuperação económica dos devedores constitui presentemente uma multiplicação de processos e incidentes, criados em épocas diversas, que muito pouco contribuem para a existência de um sistema coerente e eficaz na promoção dessa recuperação.

O primeiro problema esteve logo aquando da introdução pelo CIRE do princípio de que a declaração de insolvência do devedor deveria preceder qualquer providência judicial relativa à sua recuperação. Essa solução poderia fazer algum sentido em sistemas como o norte-americano, em que a insolvência é essencialmente vista como um processo de protecção contra credores, não possuindo a carga negativa que tem no nosso sistema jurídico. Em Portugal, no entanto, a queda em situação de insolvência é vista de forma muito negativa, o que levou a que a maior parte dos devedores a procurasse evitar, mesmo com a perspectiva de posteriormente poder solicitar a sua recuperação. A versão inicial do art. 1º do CIRE que via o processo de insolvência como visando a liquidação universal do património do devedor, colocando totalmente nas mãos dos credores a decisão sobre a aceitação de uma eventual recuperação ainda contribuiu mais para afastar a recuperação como um remédio para a insolvência.

Essa característica da versão inicial do Código levou a que não se tivesse dado a devido relevância a instrumentos de recuperação como o plano de insolvência (arts. 192º e ss.) ou o plano de pagamentos (arts. 251º e ss.), sendo que a articulação entre estes dois institutos também não se afigura muito conseguida. Designadamente não se compreende que num país em que a esmagadora maioria do tecido empresarial é constituído por pequenas empresas, as empresas nas condições do art. 249º, nº 1, *b)* não sejam admitidas a apresentar plano de insolvência (art. 250º), mas apenas a apresentar plano de pagamentos (art. 251º), sendo que ao mesmo é estranha a ideia de recuperação. Esta separação de instrumentos de recuperação, além de gerar complexidade no sistema, apresenta-se muito prejudicial às expectativas de recuperação dos pequenos empresários.

O CIRE teve, no entanto, algum sucesso na recuperação dos devedores pessoas singulares através do instrumento da exoneração do passivo restante (arts. 235º e ss.). Efectivamente, apesar do regime draconiano que este instrumento impõe aos devedores, praticamente os obrigando a viver com limitações drásticas de rendimento durante cinco anos, não há dúvida de que a extinção dos créditos sobre a insolvência ao fim desse período (mesmo que estes tenham sido contraídos por período superior) apresentou-se como uma alternativa aceitável para os devedores sobre-endividados, permitindo-lhe recomeçar de novo a sua vida após o fim do período de cessão. Em consequência, muitos devedores pessoas singulares se apresentaram à insolvência precisamente com o objectivo de beneficiar da exoneração do passivo restante.

A reforma do CIRE efectuada pela Lei 16/2012, de 20 de Abril, pretendeu atenuar a forma radical com que este diploma enveredara pelo sistema de falência-liquidação, passando a dar maior relevo ao plano de insolvência. Assim, o art. 1º do CIRE passou a dar primazia à recuperação de empresas sobre a liquidação do património do devedor, mas a decisão sobre qual a opção a tomar mantém-se integralmente nas mãos dos credores. Para além disso, determinou-se que o plano de insolvência que se destine a prover à recuperação do devedor se passe a denominar plano de recuperação (art. 192º, nº 3, CIRE), mas este não é objecto de qualquer regime diferenciado. Não nos parece assim que se tenha alterado substancialmente o regime do plano de insolvência, pelo que as dificuldades que o CIRE colocava à recuperação de empresas no nosso país se mantiveram.

A grande inovação da Lei 16/2012 foi, porém, a criação do processo especial de revitalização, enxertado nos arts. 17º-A e ss. do Código, em que se estabelece a possibilidade de permitir um instrumento de recuperação judicial do devedor antes de o mesmo cair em situação de insolvência. A possibilidade que a lei passou a conceder de abrir uma via de recuperação prévia e independente da declaração de insolvência foi prontamente acolhida pelos devedores, atenuando ainda mais a relevância do plano de insolvência, que já era pouca, e do plano de pagamentos, que era nenhuma. Por esse motivo, o processo especial de revitalização passou a assumir relevo central no âmbito do nosso sistema de insolvência.

A jurisprudência acabou, no entanto, por restringir consideravelmente a aplicação do processo especial de revitalização ao seguir a posição de CARVALHO FERNANDES e JOÃO LABAREDA, que sustentaram que o mesmo apenas teria aplicação a empresas, apesar de nada na lei indicar nesse sentido. Essa solução, que sempre considerámos injustificável, acabaria por ter um efeito perverso, levando a que as empresas tivessem uma via aberta para a sua recuperação antes da insolvência, enquanto que os particulares teriam sempre que se sujeitar às agruras do processo de insolvência para poder obter a exoneração do passivo restante. O legislador foi sensível a esse problema, mas em vez de clarificar a situação através de uma lei interpretativa que determinasse a aplicação do PER aos devedores não empresários, acabou por criar um novo processo totalmente decalcado do anterior para estes últimos, o PEAP (arts. 222º-A e ss.). Desta forma se introduziu mais um facto de complexidade para a recuperação económica dos devedores, num sistema já de si extraordinariamente complexo.

Em resultado de toda esta evolução, a recuperação económica dos devedores assenta hoje num sistema de múltiplos instrumentos, de articulação difícil, e com uma eficiência reduzida.

BIBLIOGRAFIA

BOTELHO, JOÃO, *Viaticum para o PER*, Lisboa, Nova Causa, 2016,

CANASTRO, FLÁVIA, "As providências específicas de recuperação das sociedades comerciais – Uma leitura da problemática à luz do Direito Insolvencial e do Direito Societário", em MARIA DO ROSÁRIO EPIFÂNIO (org.), *Estudos de Direito da Insolvência*, II, Coimbra, Almedina, 2019, pp. 113-166

CASANOVA, NUNO SALAZAR / DINIS, DAVID SEQUEIRA, *PER – O Processo Especial de Revitalização (Comentários aos artigos 17º-A a 17º-I do Código de Insolvência e de Recuperação de Empresas)*, Coimbra, Coimbra Editora, 2014

CONCEIÇÃO, ANA FILIPA, "Disposições específicas da insolvência de pessoas singulares no Código da Insolvência e da Recuperação de Empresas", em CATARINA SERRA (org.), *I Congresso de Direito da Insolvência*, Coimbra, Almedina, 2013, pp. 29-62

CORDEIRO, ANTÓNIO MENEZES, "Introdução ao Direito da Insolvência", em *O Direito* 137º (2005), III, 465-506

COSTA, REINALDO MÂNCIO DA, "Os requisitos do plano de recuperação", em CATARINA SERRA (org.), *III Congresso de Direito da Insolvência*, Coimbra, Almedina, 2015, pp. 229-278

CRISTAS, ASSUNÇÃO, "Exoneração do devedor pelo passivo restante", em *Themis*, edição especial (2005), pp. 165-182

CUNHA, PAULO OLAVO, "Providências específicas do plano de recuperação de sociedades", em CATARINA SERRA (org.), *I Congresso de Direito da Insolvência*, Coimbra, Almedina, 2013, pp. 107--139

— "A recuperação das sociedades no contexto do PER e da insolvência", na *RDI* nº 1 (Abril 2016), pp. 99-119

EPIFÂNIO, ROSÁRIO, *O Processo Especial de Revitalização*, Coimbra, Almedina, 2015

FERNANDES, LUÍS A. CARVALHO, "A exoneração do passivo restante na insolvência de pessoas singulares no Direito Português", em LUÍS A. CARVALHO FERNANDES / JOÃO LABAREDA, *Colectânea de Estudos sobre a insolvência*, Coimbra, Almedina, 2009, pp. 275-309

FERNANDES, LUÍS CARVALHO / LABAREDA, JOÃO, *Código da Insolvência e da Recuperação de Empresas Anotado*, 3ª ed., Lisboa, Quid Juris, 2015

FONSECA, GISELA TEIXEIRA JORGE, "A natureza jurídica do plano de insolvência", em RUI PINTO (org.), *Direito da Insolvência. Estudos*, Coimbra, Coimbra Editora, 2011, pp. 65-129

HEYER, HANS-ULRICH, *Einführung in das Insolvenzrecht*, Oldenburg, Carl von Ossietzky Universität, 2005

LABAREDA, JOÃO, "Sobre o sistema de recuperação de empresas por via extrajudicial (SIREVE) - Apontamentos -", em CATARINA SERRA (org.), *I Congresso de Direito da Insolvência*, Coimbra, Almedina, 2013, pp. 63-84

LEITÃO, ADELAIDE MENEZES, "Pré-condições para a exoneração do passivo restante - Ac. do TRP de 28.9.2010, Proc. 995/09", em *CDP* nº 35 (Julho/Setembro 2011), pp. 65-68

— "Insolvência de pessoas singulares: a exoneração do passivo restante e o plano de pagamentos. As alterações da Lei nº 16/2012, de 20 de Abril", em ARMANDO MARQUES GUEDES, / MARIA HELENA BRITO / ANA PRATA / RUI PINTO DUARTE / MARIANA FRANÇA GOUVEIA, *Estudos em homenagem ao Prof. Doutor José Lebre de Freitas*, II, Coimbra, Coimbra Editora, 2013, pp. 509-537

LEITÃO, LUÍS MENEZES, "A responsabilidade pela abertura indevida do processo especial de revitalização", em CATARINA SERRA (org.), *II Congresso de Direito da Insolvência*, Coimbra, Almedina, 2014, pp. 143-151

— *Código da Insolvência e da Recuperação de Empresas Anotado*, 10ª ed., Coimbra, Almedina, 2018

OECD, "What are equivalence scales?" em https://www.oecd.org/eco/growth/OECD-Note-EquivalenceScales.pdf

OLIVEIRA, ARTUR DIONÍSIO, "Os efeitos processuais do PER e os créditos litigiosos", em CATARINA SERRA (org.), *III Congresso de Direito da Insolvência*, Coimbra, Almedina, 2015, pp. 199-228

OLIVEIRA, NUNO PINTO, "Entre Código de Insolvência e princípios orientadores: um dever de (re)negociação?", na *ROA* 72 (2012), nºs 2/3, pp. 677-689

PEREIRA, JOÃO AVEIRO "A revitalização económica dos devedores", em *O Direito* 145 (2013), I-II, pp. 9-50

PINTO, PAULO MOTA, "Exoneração do passivo restante: fundamento e constitucionalidade", em CATARINA SERRA (org.), *III Congresso de Direito da Insolvência*, Coimbra, Almedina, 2015, pp. 175-195

PINTO, RUI, "Os terceiros garantes face ao processo especial de revitalização (PER). Algumas notas", em ANTÓNIO MENEZES CORDEIRO / EDUARDO PAZ FERREIRA / JANUÁRIO COSTA GOMES, *Estudos em homenagem ao Professor Doutor Carlos Pamplona Corte-Real*, Coimbra, Almedina, 2016, pp. 865-893

SANTOS, FILIPE CASSIANO DOS, "Plano de insolvência e transmissão da empresa", em CATARINA SERRA (org.), *I Congresso de Direito da Insolvência*, Coimbra, Almedina, 2013, pp. 141-151

SERRA, CATARINA "Processo especial de revitalização - contributos para uma «rectificação»" na *ROA* 72 (2012), II-III, pp. 715-741

— "Revitalização - A designação e o misterioso objecto designado. O processo homónimo (PER) e as suas ligações com a insolvência (situação e processo) e com o SIREVE", em ID (org.), *I Congresso de Direito da Insolvência*, Coimbra, Almedina, 2013, pp. 85-106

— *O Processo especial de revitalização na jurisprudência*, Coimbra, Almedina, 2016,

— *Lições de Direito da Insolvência*, Coimbra, Almedina, 2018

— *Regime Extrajudicial de Recuperação de empresas - Análise e crítica*, Coimbra, Almedina, 2018

SANTOS JÚNIOR, EDUARDO, "O plano de insolvência. Algumas notas", em

O Direito, 138 (2006), III, pp. 571-591 = Ruy de Albuquerque / António Menezes Cordeiro (org.), *Estudos em Memória do Professor Doutor José Dias Marques*, Coimbra, 2007, pp. 121-141

Silva, Fátima Reis *Processo Especial de Revitalização. Notas práticas e jurisprudência recente*, Porto, Porto Editora, 2014

Silva, Paula Costa e, "A liquidação da massa insolvente", na *ROA* 65 (2005), 3, pp. 713-744

Trindade, Diana, "O processo especial de revitalização – Análise crítica da reforma e o desígnio da recuperação", em Maria do Rosário Epifânio (org.), *Estudos de Direito da Insolvência*, II, Coimbra, Almedina, 2019, pp. 67-111

Vasconcelos, L. Miguel Pestana de, *Recuperação de empresas: o processo especial de revitalização*, Coimbra, Almedina, 2017

Vieira, José Alberto, "Insolvência de não empresários e titulares de pequenas empresas", em Ruy de Albuquerque / António Menezes Cordeiro (org.), *Estudos em Memória do Professor Doutor José Dias Marques*, Coimbra, Almedina, 2007, pp. 251-276

ÍNDICE